라이프니츠 읽기

세창사상가산책10

라이프니츠 읽기

초판 1쇄 인쇄 2015년 5월 15일
초판 1쇄 발행 2015년 5월 20일

-

지은이 서정욱
펴낸이 이방원
기획위원 원당희
편집 김민균·김명희·안효희·강윤경
디자인 손경화·박선옥
마케팅 최성수

-

펴낸곳 세창미디어
출판신고 2013년 1월 4일 제312-2013-000002호
주소 120-050 서울시 서대문구 경기대로 88 냉천빌딩 4층
전화 02-723-8660
팩스 02-720-4579
이메일 sc1992@empal.com
홈페이지 http://www.sechangpub.co.kr/

-

ISBN 978-89-5586-245-4 04160
        978-89-5586-191-4 (세트)

이 도서의 국립중앙도서관 출판시도서목록(CIP)은 서지정보유통지원시스템 홈페이지(http://seoji.nl.go.kr)와
국가자료공동목록시스템(http://www.nl.go.kr/kolisnet)에서 이용하실 수 있습니다.
CIP제어번호: CIP2015013291

세창사상가산책 | GOTTFRIED WILHELM LEIBNIZ

라이프니츠 읽기

서정욱 지음

10

세창미디어

머리말

철학사에서 라이프니츠 철학은 데카르트, 스피노자와 함께 유럽의 합리주의 사상에 속합니다. 뒤를 이어 나타나는 철학 사상은 칸트가 중심이 된 독일관념론입니다. 합리주의를 이 끈 이 세 철학자의 두드러진 점은 제도권 안에서 교육을 받았지만, 학문을 가르친 적이 없다는 것입니다. 그 이유가 무엇일 까요?

데카르트는 제도권 교육을 받은 후 자신의 학문을 위해 더 자유로운 나라를 찾아다녔습니다. 그래서 그는 전 유럽을 떠 돌며 저서를 남겼고, 심할 경우 스스로 저술한 책을 불태우기 도 했습니다. 그런가 하면 스피노자는 가족의 유산을 모두 여동생에게 양보하고 유대교의 핍박으로 추방당하여 어려운 생활을 하면서도, 하이델베르크 대학교로부터의 교수직 초빙을 비롯하여 보수나 명예를 자유로운 저술 활동에 방해된다며 거절하였습니다. 라이프니츠의 박해도 다른 두 사람 못지않았습니다. 너무 어리다는 이유로 라이프치히 대학교에서는 라이프니츠에게 박사학위 시험을 치르지 못하게 했습니다. 그 이유를 알았을까 라이프니츠는 알트도르프 대학교로 옮겨 철학박사학위를 받은 후 새로운 학문 연구와 정치에 대한 관심을 이유로 대학교 교수직 초빙을 거절합니다.

철학사에서 합리론자들은 누구 못지않게 중요한 학문적 업적을 남겼지만, 우리는 그들이 제도권 안에서 학문을 가르치지 않은 이유를 그들만의 하고 싶은 철학, 즉 자유로운 철학 연구에서 찾아볼 수 있습니다. 하지만 당시 시대는 철학을 자유롭게 할 수 있을 만큼 자유롭지 못했습니다. 그렇기 때문에 자유로운 철학을 추구했던 그들의 삶은 결코 평탄하지도 못했고 자유롭지도 못했습니다.

그런데 이 세 합리주의자에게는 한 가지 공통점이 있습니다. 그것은 바로 자연과학적인 사고방식을 갖고 있으며 자연과학적인 업적을 남겼다는 것입니다. 철학은 시작과 동시에 위기를 맞이했습니다. 그렇기 때문에 엄밀한 의미에서 오늘날 우리가 얘기하는 철학의 위기는 철학의 시작과 함께합니다. 그러므로 엄밀한 의미의 철학의 위기는 처음부터 없었습니다. 그냥 철학은 박해의 대상일 뿐이었습니다. 철학사에서도 얘기되고 있듯이 탈레스는 처음부터 미친 사람으로 취급받았으며, 피타고라스는 해적 두목인 폴리크라테스를 피해 고향을 버리고 이탈리아로 가서 철학 학교를 세우고 가르쳐야 했습니다. 소크라테스의 죽음이나 아리스토텔레스의 살기 위한 피난은 철학이 얼마나 사람들로부터 핍박을 받았는지 알려 주는 좋은 예들입니다.

신으로부터 학문적 자유를 보장받기 위한 보에티우스의 노력 덕분에 근대철학은 그래도 조금은 편안할 줄 알았습니다. 심지어 르네상스와 루터의 외로운 투쟁은 신으로부터 철학의 자유를 보장받는 듯했습니다. 하지만 세 합리주의자의 생애를 돌아볼 때 철학의 자유는 여전히 찾아볼 수 없습니다.

철학은 이렇게 시작과 동시에 사람, 정치, 권력 혹은 신들을 대상으로 학문적 자유를 위해 여러 가지 방법으로 외롭고도 지루하게 투쟁하였습니다. 라이프니츠도 그중 한 사람일 뿐입니다. 천재는 타고나는 것일까요? 아니면 주위의 영향에 의해서 만들어지는 것일까요? 라이프니츠는 이 두 가지 경우에 다 해당합니다. 타고난 천재성에 아버지의 정성이 더해져 완성된 천재가 바로 라이프니츠이기 때문입니다.

　시대적 상황이 어떠하였든 라이프니츠는 자신의 철학을 포기하고 싶지 않았던 것 같습니다. 라이프니츠는 어린 나이에 박사학위 시험을 칠 수 없다는 학교 측 주장에 스피노자처럼 제도권 안에서는 자신의 철학에 자유라는 날개를 달 수 없다는 사실을 알았던 것 같습니다. 그래서 그는 귀족들이 중심이 된 연금술학회에 뛰어들었고 그곳에서 특별한 후견인을 만나 자신의 뜻을 펼칠 수 있었습니다.

　합리주의자 세 철학자는 방법론은 다르지만 자유롭게 철학을 하고 싶다는 공통점이 있었습니다. 그리고 그 방법을 제도권 교육 밖에서 찾았습니다. 그 결과 그들이 원하는 결과물을 얻었습니다. 하지만 그들이 철학의 위기를 극복할 수 있었던 것은 아닙니다. 그리고 그 철학의 위기는 그들의 뒤를 이은 칸트를 중심으로 한 독일관념론자들에게 넘어갔습니다.

관념론자들은 합리론자들과 다르게 제도권 교육 안에서 철학의 위기를 극복하려고 노력했습니다. 이후 오늘에 이르기까지 제도권 교육 안과 밖에서 많은 철학자는 철학의 위기를 극복하려고 노력했고, 지금도 노력하고 있습니다.

철학은 처음부터 사람, 교육제도, 사회제도 혹은 정치를 상대로 학문적 자유를 보장받고자 했습니다. 그렇기 때문에 철학과 위기라는 단어는 떼려야 뗄 수 없는 관계입니다. 이렇게 뗄 수 없는 관계를 떼려 하면 문제는 풀리지 않고 꼬이기만 할 것입니다. 처음부터 그랬기 때문에 언제까지나 그렇게 될 것이라는 생각으로 접근하는 방식이 더 정확한 답이라고 생각됩니다.

세창미디어에서 사상가산책 시리즈를 출판하고 있습니다. 이 책은 그중 한 권으로 라이프니츠의 저서와 논문을 요약하였습니다. 라이프니츠의 저서와 논문들은 주로 라틴어와 프랑스로 저술되어 있습니다. 그래서 독일어 번역서가 너무 많습니다. 이 책을 저술하면서 주로 두 종류의 라이프니츠 독일어 전집판을 참고하였습니다. 헤링Herbert Herring이 번역하고 편집한 전집(wissenschaftliche Buchgesellschaft 출판사)과 부헤나우Artur

Buchenau의 독일어 번역서입니다. 그리고 이 책을 저술하면서 정명오 선생님, 정종 선생님, 윤선구 선생님, 배선복 선생님의 한국어 번역판과 저서를 주로 참고하였습니다. 특히 라이프니츠의 용어와 문장은 윤선구 선생님이 번역한 내용을 주로 참고하였으며, 다른 분들의 용어와 문장을 사용하기도 했습니다. 이 지면을 통해 감사드립니다.

언제부터인가 지하철에서도 버스 속에서도 독서하는 사람을 찾아볼 수 없게 되었습니다. 많은 사람은 그 이유를 스마트폰에서 찾고 있습니다. 원인이 무엇이든 출판업계가 단군 이래 최고의 불황이라는 말이 나오는 것은 당연합니다. 철학자들이 원한 것은 처음부터 자유였고 지금도 마찬가지입니다. 그 자유는 제도권 안에서의 교육과 저술활동을 통해 나타납니다. 자유로운 저술활동을 할 수 있게 도와주신 세창미디어의 여러분들에게도 이 지면을 통해 감사드립니다.

2015년 4월
서정욱

1

교육과 사회진출

1

시대적 배경과 출생

유럽의 역사 중에서 설명하기 결코 쉽지 않은 단어가 있다면 그것은 아마도 '게르만민족'일 것이다. 로마제국에서는 자신들을 괴롭히거나 침공하는 민족을 모두 게르만민족이라고 통칭했다. 그래서 476년 동고트족의 지도자 오도아케르Odoacer, 433-493가 로마황제 로물루스 아우구스툴루스Romulus Augustulus, 재위기간 475-476를 폐위시키고 스스로 로마황제가 되었을 때도 게르만민족에 의해서 로마제국이 멸망했다고 했다.

로마제국이 멸망한 이후 로마제국은 여러 민족으로 나누어졌다. 특히 여러 민족으로 나누어져 있던 이탈리아의 로마교황은 어려운 처지에 놓였다. 이 틈을 노리고 독일의 오토 1세Otto, 912-973는 원정을 통해 교황을 도운 공로를 인정받아 로마교황청에서 황제 대관식을 올렸다. 독일 국왕으로 황제의 칭호를 받은 오토대제는 신의 뜻에 따라 로마제국의 부흥이 이루어졌다고 선언하고 신성로마제국이라는 새로운 명칭으로 로마제국의 뒤를 이었다.

　이후 신성로마제국은 독일을 중심으로 주변의 민족과 국가를 흡수하여 대제국 건설에 성공하였다. 그러나 1517년 독일의 젊은 신부 마르틴 루터가 로마 가톨릭 교회의 부패와 타락을 비판하는 95개 조항의 반박문을 발표함으로써 종교개혁이 일어났고, 로마 가톨릭과 새롭게 등장한 프로테스탄트는 첨예하게 대립하였다. 신성로마제국을 이끌고 있던 독일뿐 아니라 다른 나라에서도 프로테스탄트가 급속하게 퍼져나갔다. 독일에서는 루터파가 그리고 프랑스에서는 칼뱅을 중심으로 독일의 로마 가톨릭을 공격하기 위한 준비를 하였다.

　오늘날 개신교를 뜻하는 프로테스탄트Protestant는 '항의' 혹은 '이의신청'인 프로테스트Protest에서 나온 말이다. 루터의 종교개혁 이후 독일을 중심으로 한 신성로마제국의 봉건영주들은 루터의 입장과 제국의 입장을 놓고 누구의 뜻을 따를지 결정하지 못하고 고민하고 있었다. 그래서 몇몇 영주들은 루터의 뜻에 찬성하기도 하고 또 어떤 영주는 반대하기도 하였다. 당시 신성로마제국의 황제 카를 5세Karl, 1500–1558도 프랑스와의 전쟁으로 바쁜 시간을 보내고 있었기 때문에 정식으로 종교개혁에 대한 문제를 논의하지 못하고 있었다. 참다 못한 영주들은 카를 5세에게 이 문제를 정식으로 논의하고 제국의 입장을 정리해 줄 것에 대한 항의 문서를 제출하였다. 바로 여기서 오늘날 우리가 얘기하는 프로테스탄트라는 말이 생겨난 것이다.

루터의 입장이 정리되지 않은 채 결국 1618년 신성로마제국의 로마 가톨릭과 개신교도 간에 전쟁이 시작되었고, 이 전쟁은 무려 30년이나 이어졌다. 최후의 종교전쟁 혹은 최초의 국제전쟁으로 불리는 이 30년 전쟁은 신성로마제국의 페르디난트 2세가 보헤미아의 개신교도들을 탄압하면서 시작되었다. 처음에는 신성로마제국이 기선을 잡았지만 개신교도들이 많았던 덴마크, 스웨덴, 그리고 프랑스에서 공격이 시작되면서 독일 지역 대부분은 황폐화되고 말았다. 1648년 베스트팔렌 조약으로 전쟁이 끝나자, 네덜란드와 스위스는 스페인과 오스트리아로부터 독립을 인정받았고, 프랑스와 스웨덴은 영토를 확장했다. 특히 루터 교회와 칼뱅파 개신교도들에게는 신앙의 자유가 주어졌다.

라이프니츠는 30년 전쟁이 끝날 무렵인 1646년 독일의 라이프치히에서 태어난다. 라이프니츠의 아버지 프리드리히 라이프니츠는 루터파 개신교도로서 경건주의자로 잘 알려져 있다. 라이프니츠의 할아버지는 판사 출신의 세무전문가였고, 할머니는 귀족 집안의 딸이었다. 라이프니츠의 어머니는 일찍 부모를 잃고 신학교수와 법학교수의 집에서 자랐으며 영리하고 신앙심이 깊은 사람이었다. 라이프니츠의 아버지는 세 번째 결혼에서 라이프니츠를 얻었다.

라이프니츠는 세기의 천재로 잘 알려져 있다. 이런 천재성은 아버지의 노력이 있었기에 발휘할 수 있었다. 라이프니츠의 아버지는 루터파 개신교 신자의 경건주의자답게 라이프니츠에게 일어난 모든 일을 신의 계시라고 믿었다. 태어난 지 3일 만에 치른 세례식에서 라이프니츠가 눈을 크게 뜨고 고개를 들어 사제를 바라본 일이나, 2살 때 식탁에서 떨어졌지만 상처 하나 입지 않은 일들을 모두 보이지 않는 신의 손에 의해서 보호받고 있기 때문이라고 굳게 믿었다.

이런 생각을 한 아버지는 라이프니츠에게 어릴 때부터 두 가지 교육을 했는데, 성경을 통한 신앙 교육과 역사를 통한 세상 교육이었다. 이런 아버지의 보호 아래 자란 라이프니츠는 모든 사람이 인정하는 천재가 되었다. 하지만 아버지의 교육은 오래 가지 못했다. 라이프니츠의 아버지는 라이프니츠가 6살 되던 해 죽었고, 이후 그는 어머니에 의해서 자란다.

2
아버지 서재에서 얻은 학문의 즐거움

라이프니츠는 데카르트, 스피노자와 함께 유럽의 합리론을 완성한 철학자로 잘 알려져 있다. 이후 철학은 칸트를 시작으로 피히테, 셸링을 거처 헤겔에 이르는 독일관념론으로 발전한다. 이런 관점에서 본다면 라이프니츠는 합리론과 독일관념론을 잇는 가교역할을 한 철학자임이 틀림없다. 그뿐만 아니라 그는 철학사이기 이전에 외교관이자 자연과학자이며, 미분과 적분을 발견한 수학자이고, 계산기를 발명한 발명가이자, 법학을 공부한 법학자이기도 했다.

아버지의 교육 덕분으로 라이프니츠는 입학 이후 자신만의 독특한 방법으로 모든 것을 혼자 습득하였다. 라틴어와 그리스어를 혼자 배웠으며, 8살이 채 되기 전에 라틴어로 된 스콜라 관련 철학책과 고전들을 읽을 수 있었다. 그는 친구들과 노는 것보다는 책 읽는 것을 더 좋아하였다. 이런 라이프니츠를 두고 어머니와 선생님들의 의견은 엇갈렸다. 어머니는 라이프니츠가 또래 친구들과 같은 생각을 하고 노는 것이 더 좋다고 생각하고, 라이프니츠 주변에 책을 두지 않고 치우기 바빴다. 반면 선생님들은 오히려 라이프니츠에게 책과 함께하고 책 읽는 환경을 만들어 주는 것이 좋다고 하였다.

라이프니츠의 아버지는 법학자이면서 라이프치히대학교의 도덕철학 교수였다. 그는 누구보다 많은 책을 갖고 있었다. 하지만 그가 죽고 난 이후 그의 서재는 굳게 닫혀 있었다. 라이프니츠의 선생님들은 어머니에게 서재를 열고 라이프니츠가 아버지의 책을 마음 놓고 읽을 수 있도록 하라고 부탁하였다. 어머니는 어쩔 수 없이 충고를 받아들였다.

아버지의 서재에서 라이프니츠는 마음의 안정과 학문의 자유를 얻었다. 그는 아버지가 모아둔 귀한 저서들을 닥치는 대로 거침없이 읽어 나갔다. 이렇게 하여 그는 13살 때 아리스토텔레스의 논리학을 완전히 이해하였으며, 더 나아가 일상생활에 왜 논리학이 필요한지에 대해서도 충분히 알 수 있었다. 그는 근대 철학자 중에서 스콜라철학을 가장 잘 이해한 철학자로 알려져 있다. 이는 그가 아버지의 서재에서 아리스토텔레스의 저서뿐 아니라 스콜라철학에도 깊이 빠져든 결과라고 할 수 있다.

14살, 라이프니츠는 라이프치히대학교로부터 입학을 허가받았다. 이 시기 유럽에서는 과학의 발달이 많은 것을 바꾸어 놓았다. 케플러와 코페르니쿠스의 지동설은 사람들을 놀라게 했고, 세상에 감추어진 갈릴레오 갈릴레이의 그 유명한 재판은 과학의 발달을 막을 수 없었다. 이런 과학의 발달은 종교 위주의 세상을 조금씩 바꾸기 시작했는데, 철학이라고 예외가 될 수 없었다. 데카르트가 아무리 소심하고 수동적으로 자신의 철학을 펼쳤더라도 그의 과학적인 철학 사고는 묻히지 않았다.

이렇게 과학이 발달하면서 철학뿐 아니라 다른 학문이 갖고 있던 신에 대한 사고방식도 달라지기 시작했다. 자연뿐 아니라 모든 곳에 신이 있다는 생각이 퍼져나갔으며, 신에 의해서 모든 것이 움직인다고 믿고 있던 사람들도 조심스럽게 신, 인간 그리고 자연의 관계를 서로 단절시켜 파악하기 시작하였다. 이렇게 신, 인간, 그리고 자연을 함께 파악하지 않고 서로 단절시켜 자연을 파악하고자 하는 생각을 기계론적 자연관이라고 말한다. 이런 생각을 철학에서도 받아들였는데 이를 기계론적 자연철학이라고 말한다.

라이프니츠가 대학에 입학했을 때, 라이프치히대학교는 다른 어느 대학보다 기계론적 자연철학의 분위기에 휩싸여 있었다. 아리스토텔레스의 철학을 공부한 라이프니츠는 어쩌면 그런 분위기가 좋아서 라이프치히대학교를 택하였는지도 모르겠다. 또한 이런 분위기가 그로 하여금 수학과 자연과학에 관심을 갖게 하였고, 계산기를 발명할 기회를 주었는지도 모르는 일이다.

이런 학문적 분위기 속에서 라이프니츠는 아리스토텔레스 철학과 유클리드의 기하학에 깊이 심취했다. 토마지우스Jakob Thomasius, 1622-1684로부터 지도를 받던 라이프니츠는 입학한 지 1년 만에 오늘날 우리 교육체계로 볼 때 학사에 해당하는 시험에 합격한다. 독일이 우리처럼 학사, 석사, 그리고 박사라는 교육체계를 분명하게 정한 것은 대학교마다 다르지만 2010년 이후다. 그전에는 석사와 박사과정만 있었고, 대학교에 입학한 사람은 2년이 지나면 중간시험을 치르게 된다. 이 시험에 합격한 사람만이 석사과정을 밟을 수 있었다. 이 시험이 곧 우리 교육체계로는 학사에 해당되는 것이라고 할 수 있다.

　라이프니츠는 1년 만에 이 중간시험을 마쳤다. 그리고 이때 최초의 저서인 『개체의 원리에 대하여*Disputatio de principio individui*』를 발표하였다. 여기서 그는 아리스토텔레스, 아퀴나스, 그리고 스승 토마지우스의 개체의 원리를 받아들여 자신의 입장을 정리하였다. 이 책은 독일의 대학교에서 스승과 제자의 관계가 어떤지를 보여주는 가장 전형적인 내용을 담고 있다. 무엇보다 도제교육을 실시한 독일의 대학교에서는 스승의 사상을 제자가 수용하고 받아들이는 것이 당연한 일이었다. 마찬가지로 라이프니츠는 『개체의 원리에 대하여』에서도 아리스토텔레스의 개체원리에 대한 아퀴나스의 생각을 정리한 다음 토마지우스가 어떻게 아리스토텔레스를 이해하고 있는가를 설명했다. 마지막으로 라이프니츠는 자신의 논리에 따라 개체원리를 설명하였다.

　중간시험을 라이프치히대학교에서 마친 라이프니츠는 다음 학기에 바로 예나대학교에 입학하였다. 당시 예나대학교에는 라이프니츠의 이모부이며 진보적인 사고를 하고 있던 법률학자 슈트라우흐Johann Strauch, 1614-1679 교수가 있었다. 유클리드 기하학에 관심이 많았던 라이프니츠는 슈트라우흐 교수의 충고를 받아들여 예나대학교에 입학한 것이다. 당시 예나대학교에는 수학자이면서 철학과 천문학에 관심이 많았던 바이겔Erhard Weigel, 1625-1699이 있었다. 라이프니츠는 바로 이 바이겔을 통해 수학적인 방법론과 유클리드의 기하학을 더 깊이 있게 연구하였으며, 베이컨과 홉스의 사상을 더 체계적으로 정리할 수 있었다.

　하지만 라이프니츠의 예나생활은 오래가지 않았다. 한 학기를 마친 그는 다시 라이프치히로 돌아와 이번에는 법학을 공부하였다. 그리고 그는 1664년 1월 18세의 나이로 법철학에 관한 논문으로 석사학위를 받았다. 논문의 제목은 「법의 일반적인 난이성 혹은 법전에 나타나는 철학적 문제Specimen difficultatis in jure seu quaestiones philosophicae amoeniores ex jure collectae」로서 철학 없는 법은 무의미함을 강조한 내용이나.

석사를 마친 며칠 후 라이프니츠의 삶을 바꿀 사건이 생기는데, 같은 해 2월 어머니가 세상을 떠난다. 우리의 천재 라이프니츠는 이제 막 석사를 마치고 자신의 학문을 위한 첫발을 내려놓았다. 이때 어머니의 죽음은 그에게 큰 상처였다. 어머니의 죽음 이후 예상했던 것처럼 그는 친여동생과도 이복 남동생과도 남처럼 지냈다. 하지만 그의 학문에 대한 열정은 변함없었다. 마치 어머니에 대한 사랑을 학문에 쏟아 붓듯이 그는 그렇게 연구에 몰두했다.

3
교수초빙 거절과 외교적·정치적 업적

어머니의 죽음에도 불구하고 라이프니츠는 더욱 학문에 깊이 빠져드는데 이모부 슈트라우흐의 격려와 도움도 적지 않았던 것 같다. 슈트라우흐는 라이프니츠에게 계속 법학을 공부할 것을 부탁하였다. 이모부의 충고를 거절하지 않은 라이프니츠는 20세의 어린 나이에 오늘날까지 천재적인 저술로 알려져 있으며 그의 사상 대부분이 담겨 있는 「결합법론*Dissertatio de arte combinatoria*」을 발표하였다. 바로 라이프니츠는 라이프치히대학교에서 가장 어린 나이로 박사학위에 도전하였다. 그러나 분명한 이유 없이 대학교에서는 그에게 학위 시험을 허락하지 않았다.

더 이상 기다리지 않고 라이프니츠는 뉘른베르크 근교에 있는 알트도르프대학교로 옮기기로 결심한다. 알트도르프대학교는 천재적인 철학자이며 법학자인 라이프니츠를 마다하지 않고 두 손 들어 환영하였다. 다음 해인 1667년 2월 라이프니츠는 「법률적 어려운 사건의 판례에 관하여*Disputatio ingauguralis de casibus perplexis in jure*」라는 논문과 함께 법학박사학위를 받았다. 그뿐만 아니라 알트도르프대학교는 그를 바로 교수로 초빙하였다. 하지만 그는 더 많은 일과 색다른 것을 연구하고 싶다는 이유로 이 초빙을 거절하였다.

천재이며 약관의 나이에 박사학위를 받고 교수초빙까지 받은 라이프니츠였지만 당시 독일의 학문 분위기가 마음에 들지 않았던 것 같다. 무슨 이유인지는 모르지만 라이프치히대학교에서 박사학위를 거절한 것이나 종교적인 내란인 30년 전쟁 등의 사건이 라이프니츠에게는 독일의 학문적인 한계라고 생각되었을 수도 있다. 그래서 그는 다른 사상가들과 마찬가지로 학문적으로 더 자유로운 나라였던 네덜란드로 유학하기로 마음을 정했다. 하지만 페스트가 갑자기 발병하면서 그를 망설이게 했다.

이런 상황에서 그에게 새로운 학문의 기회가 주어졌다. 그것은 바로 뉘른베르크에 있던 연금술협회였다. 17세기 유럽에서는 연금술이 하나의 유행처럼 번져 나갔다. 그래서 이 협회에는 능력 있는 학자를 비롯하여 유명한 정치가도 많이 가입하고 있었다. 라이프니츠도 예외 없이 이 협회에 가입하여 새로운 연구에 도전하였다. 이렇게 라이프니츠는 새로운 학문인 화학에 관심을 갖고 연금술에 깊이 빠져들었다.

그뿐만 아니라 라이프니츠는 정치적으로 꽤 영향력이 있는 보이네부르크 남작Johann Christian Freiherr von Boi(y)neburg, 1622-1672을 이곳에서 만난다. 라이프니츠는 보이네부르크의 비서를 시작으로 법률고문, 자녀들의 가정교사까지 맡으면서 자신의 세력을 확장해 나갔다. 라이프니츠는 보이네부르크가문의 추천으로 마인츠의 주교였던 쇤보른을 알게 된다. 라이프니츠는 보이네부르크가문에 머물면서 쇤보른을 위해 법률과 신학뿐 아니라 정치에 관한 조언도 아끼지 않았다. 라이프니츠가 교수초빙을 거절하면서까지 원했던 것은 바로 이런 것이 아니었나 생각할 정도로 열정적으로 쇤보른의 후견인으로 최선을 다했다. 여기서 터득한 외교와 정치 실력으로 이후 라이프니츠는 죽을 때까지 정치가의 후견인이 되어 외교관으로 혹은 가정교사로 활동하면서 자신의 천재적인 철학적·수학적 능력을 최대한으로 발휘하였다.

라이프니츠는 이것이 인연이 되어 보이네부르크의 아들이며 훗날 마인츠공화국 백작이 된 필립 빌헬름Philipp Wilhelm Reichsgraf von Boineburg, 1656-1717이 1671년 프랑스의 슈트라스부르크대학교에 입학하자 외교관의 자격으로 함께 동행하게 된다. 프랑스 생활을 시작한 다음 해인 1672년 라이프니츠는 당시 프랑스 황제였던 루이 14세의 야망과 독일 및 주변국에 대한 원정 계획을 알게 된다. 라이프니츠는 이를 막기 위해 그 유명한 이집트 원정 계획서를 작성하여 보이네부르크에게 전달하였고, 프랑스 정부 대신을 통해 루이 14세에게 전달되었다. 그리고 루이 14세가 이 문서를 작성한 사람을 직접 만나고 싶다는 말에 라이프니츠는 파리로 향한다.

라이프니츠는 이집트 원정 계획에서 프랑스가 독일이나 네덜란드를 침공하는 것보다는 이집트를 공격하여 이집트의 세력을 약화하는 것이 중요하다고 지적했다. 그리고 전쟁을 반대하여 등을 돌린 지성인의 여론을 다시 되돌리고 유럽에 영구평화를 약속함으로 유럽제국의 힘을 모아 십자군 전쟁 이후 공동의 적인 오스만 제국 세력을 유럽에서 몰아냄으로 유럽 단결을 이루자고 강조했다. 라이프니츠는 특히 이집트를 함락시켜 해군력을 무역을 위한 해로 개척에 투입함으로 인도와 아시아 대륙에 새로운 무역국을 얻을 수 있다고 강조했다.

물론 이런 라이프니츠의 생각은 분명 보이네부르크와의 합작품이라고 주장하는 사람도 많다. 그뿐만 아니라 마인츠의 선제후는 라이프니츠가 왜 파리로 향하는지 그 이유를 몰랐다고 한다. 라이프니츠는 루이 14세를 만나지도 못했고 그의 모든 계획은 루이 14세가 스웨덴과 동맹을 맺고 네덜란드에 선전포고를 함으로써 수포로 돌아갔다는 사실도 우리는 잘 알고 있다. 하지만 라이프니츠는 이 내용을 논문 「프랑스 왕이 선전포고 해야 할 이집트 원정에 대한 정론_De expeditione Aegyptiaca regi Franciae proponenda justa dissertatio_」에 자세히 서술하였으며, 이 논문은 1864년에 처음으로 공개되었다.

라이프니츠의 정치적, 외교적 노력은 이렇게 실패로 끝났지만, 그해부터 4년 동안 파리에 머물면서 프랑스의 다양한 사상가들과 만난다. 그중에도 프랑스의 수학자이며 파리 왕립도서관 사서였던 카사비_Pierre de Carcavi, 1600 혹은 1605-1684_와의 만남과 네덜란드의 물리학자, 천문학자, 그리고 수학자인 하위헌스_Christiaan Huygens, 1629-1695_와의 만남은 주목할 만하다. 카사비와는 계산기를, 하위헌스와는 미적분을 발견함으로써 오늘날까지 그의 유명한 업적으로 남아 있다. 이 기간에 철학적으로 빼놓을 수 없는 사건은 라이프니츠가 영국의 토마스 홉스에게 편지를 보내 운동의 원리에 대한 문제점을 물은 것과 아르노와 나눈 철학적인 교류가 있다.

필립 빌헬름은 마인츠공화국의 선제후이며 주교였던 쇤보른_Johann Philipp von Schönborn, 1605-1673_의 조카 멜히호르_Melchior Friedrich Graf von Schönborn-Buchheim, 1644-1717_와 함께 파리에 머물고

있던 라이프니츠를 1672년 방문하였다. 마인츠의 신제후 선보른 주교는 영국과 네덜란드의 평화협정을 위해 사절단을 파견하였는데 이들이 포함되었고, 라이프니츠도 합류하게 되었다. 하지만 1672년 보이네부르크가 죽는다. 또한 1673년 1월 라이프니츠 일행이 런던에 어렵게 도착한 지 한 달 후 쉰보른 마저도 안타깝게 세상을 떠난다.

라이프니츠는 이렇게 자신을 도와준 중요한 두 사람을 잃었지만, 런던에 머무는 동안 영국왕립학회 회원을 비롯한 많은 사상가를 만나고 다시 파리로 돌아온다. 필립 빌헬름의 가정교사로 어렵게 생활하고 있던 라이프니츠에게 필립 빌헬름이 공부보다는 다른 것에 더 관심이 있다는 사실은 큰 충격이었다. 필립 빌헬름은 정치가 목적이었지 공부가 목적이 아니었기 때문에 공부보다는 오히려 외교적인 교제가 더 큰 관심사였다. 이런 상황에서 독일에서는 라이프니츠가 조국 독일을 버리고 다른 나라에 충성한다는 유언비어가 돌기 시작했다.

자신을 후원해 준 두 사람의 죽음과 필립 빌헬름의 관심사 변경으로 생활이 어려워진 라이프니츠는 파리학술원의 회원이 되어 파리에 남아 자신의 연구를 계속하기를 원했다. 하지만 그것마저 어려워지자 결국 마인츠공화국과의 관계를 공식적으로 마감하고 하노버공화국의 법률고문 겸 하노버 왕립도서관장으로 취임하여 1676년 파리 생활과 마인츠 생활을 청산하고 하노버로 향했다.

2

인식과 관념의 구별에 대하여

1
말브랑슈의 관념

파리에서 태어난 말브랑슈Nicolas Malebranche, 1638-1715는 아리스토텔레스 철학에서 아무런 의미도 찾지 못했다. 이후 그는 신학을 공부하고 수도원에서 생활하면서 데카르트 철학을 접하게 된다. 이때 그는 아리스토텔레스에서 느끼지 못한 새로운 어떤 점을 데카르트에서 찾았다. 이후 오늘날까지 데카르트 철학의 대가로 그의 명성이 남아 있다. 말브랑슈는 데카르트와 마찬가지로 최소한 수학과 과학에 관심을 두고 철학을 연구하였다. 이후 그는 수도원 동료들과 함께 플라톤 철학과 아우구스티누스 철학에 빠져들기도 했다. 이런 측면에서 본다면 말브랑슈 철학의 특징은 데카르트 철학을 바탕으로 한 플라톤과 아우구스티누스 사상의 접목이라 할 수 있을 것이다.

데카르트 철학에 매료되고 아우구스티누스 사상에 빠졌지만 말브랑슈는 아리스토텔레스 철학에는 매력을 느끼지 못하고 신학을 배우기 위해 수도원에 들어간 성직자다. 이런 측면에서 본다면 그는 데카르트를 비롯한 합리적인 사상을 비난하지는 않았다. 그렇다고 해도 그는 결코 철학자가 아니며 오히려 철저한 그리스도 사상가임이 틀림없다. 이런 사실을 우리는 그의 관념에 대한 생각에서 찾아볼 수 있다.

신이 인간을 창조했다는 그리스도 사상에 따르면 신은 모든 피조물을 만들었다. 그렇다면 피조물이 스스로 존재하는 원인을 신에게서 찾을 수 있다. 이런 관점에서 신은 피조물의 유일한 참된 원인이다. 말브랑슈에 있어서 참된 원인이란 원인과 결과 사이에 필연적인 어떤 연결점이 있는 원인이다. 즉 일어난 모든 결과의 원인을 오직 신에게서 찾는 것이다.

만약 말브랑슈의 주장처럼 신이 유일하게 참된 원인이라면 인간의 자유를 우리는 어떻게 설명해야 할까? 결론적으로 말하면 말브랑슈는 신이 비록 유일한 참된 원인이라고 하여도 인간의 자유와 책임은 결코 부정되지 않는다고 하였다. 창조주 신은 자신의 모든 피조물이 선하게 지켜지길 바란다. 그뿐만 아니라 피조물은 창조주를 닮아 만들어졌기 때문에 늘 창조주를 닮으려 노력한다. 이렇게 함으로써 창조주의 영광이 피조물을 통해 드러날 수 있기 때문이다. 이런 관점에서 창조주는 피조물의 의지 속에 피조물이 어떻게 할 수 없는 선 일반에 대한 성향을 넣어 두었다. 말브랑슈는 이 성향이 창조주가 필연적으로 심어 둔 것이기 때문에 피조물은 어떻게 할 수 있는 것이 아니라고 주장했다.

말브랑슈는 이렇게 선을 지향하고, 선을 통해 스스로 존엄하다는 것을 드러내려는 것이 인간이라고 보았다. 인간의 정신은 이렇게 함으로써 스스로 선하다는 것을 자신에게 알려 주기 때문이다. 그렇기 때문에 선을 행하려는 인간은 어쩔 수 없이 존엄성을 사랑할 수밖에 없다. 이때 인간은 자유로울 수 있다. 이렇게 인간은 비록 유일한 참된 원인인 신을 인정하지만 자유의지에 따라 행동하는 이유를 찾았다.

인간은 자유의지를 갖고 있기 때문에 진리를 파악할 수 있다. 그러나 인간은 신 안에서만 진리를 파악할 수 있다는 것이 말브랑슈의 생각이다. 이때 진리를 파악하기 위한 관념에 대한 말브랑슈의 생각은 특이하다. 즉 그는 인간이 별도의 관념을 가진 것이 아니라 신 안에서 모두 파악한다고 주장한다. 즉 신 안에 있는 관념을 통해 인간은 생각하고 진리를 파악한다.

바로 이 문제를 놓고 라이프니츠는 자신의 『인식, 진리, 그리고 관념에 관한 성찰*Meditationes de coginitione, veritate et ideis*』에서
인식과 관념에 관한 주장을 한다.

2
라이프니츠의 인식

　라이프니츠는 『인식, 진리, 그리고 관념에 관한 성찰』에서
인식을 애매한 인식과 명석한 인식으로 나눈다. 예를 들어 한
번 본 장미꽃을 기억하려 하는데 다른 비슷한 꽃과 구별하는
것이 충분하지 않을 때 애매한 인식이라고 할 수 있다. 반면
하나의 사물을 표현하려는 인식이 가능하도록 사람이 그 인
식을 할 때, 이런 인식은 명석한 인식이다.

　명석한 인식은 다시 모호한 인식과 판명한 인식으로 나눈
다. 모든 사물에는 특징과 성질이 있다. 그러나 이런 특징과
성질인 본질을 구별하지 못하고 단지 개인적인 기억이나 다
섯 감각을 통해 사물을 구별하는 것을 모호한 인식이라고 한

다. 사람들은 자신의 감각을 통해 사물을 다른 것과 구별하기 위해서 설명을 하지만 받아들이는 사람의 능력에 따라 설명이 쉽지 않을 수도 있다. 라이프니츠는 맹인을 예로 들어 설명한다. 사람들은 맹인에게 무엇이 붉은색인지 설명하려고 노력하지만, 맹인이 이전에 붉은색에 대한 비슷한 지각의 기능이 있지 않다면 결코 쉬운 일이 아니다. 마찬가지로 비슷한 일들이 나른 사람에게도 일어날 수 있다. 이런 것이 바로 모호한 인식이다.

하지만 라이프니츠는 판명한 개념은 다르다고 설명한다. 금화를 생각해 보자. 금의 가치 때문에 금화가 만들어진 다음 사람들은 금화를 훼손시키는 일이 많았다. 그러나 가짜 금화와 진짜 금화를 구별할 수 있는 사람은 바로 금화 감식사이다. 판명한 개념이란 이렇게 위폐전문가가 돈에 대해 가진 개념과 같은 것이다. 사람들이 수, 크기, 혹은 형태와 같이 감각을 통해 얻는 개념은 판명하다. 그뿐만 아니라 희망과 공포처럼 영혼의 정서로 얻은 개념도 판명하다. 즉 사람들이 이렇게 충분한 특징을 열거하여 명목적인 정의를 갖는 모든 것들에 대해서 라이프니츠는 판명한 개념을 가진다고 주장한다.

이 판명한 인식은 다시 불충분한 인식과 충분한 인식으로 나눈다. 이를 설명하기 위해서 라이프니츠는 다시 금화의 예로 돌아간다. 순금을 알아보기 위해서 금화 감식가는 금의 무게, 색깔, 혹은 왕수에 녹는 정도 등을 이용한다. 이런 금의 특징은 감식가에겐 분명하지만, 일반인에게 분명하지 않고 모호하다. 금에 관한 인식처럼 판명한 인식이긴 하지만 모호한 것을 불충분한 인식이라고 한다. 그러나 이런 불충분한 인식이 모두 판명하게 인식되면 그것은 충분한 인식이 된다. 그러나 라이프니츠는 그 예를 찾기가 쉽지 않다고 주장하면서도 수에 대한 인식이 충분한 인식에 가깝다고 주장한다.

마지막으로 충분한 인식에는 상징적 인식과 직관적 인식이 있다. 예를 들어서 가능한지는 모르지만 천 개의 변을 가진 천각형이란 다각형을 생각해 보자. 천각형은 천 개의 같은 변을 갖고 있다는 뜻이다. 여기서 우리가 얻는 인식은 숫자, 천, 변, 그리고 같은 변에서 얻는 동일성이다. 그러나 우리가 천각형을 말할 때, 항상 천, 동일성, 그리고 변의 본질을 생각하는 것은 아니다. 단지 천각형이란 관념에서 사람들은 본질을 고찰하기보다 우리의 정신 안에 있는 천, 변, 그리고 동일성이란 개념을 사용할 뿐이다. 이런 개념의 명칭을 우리는 잘 알고 있지만, 천각형을 설명하기 위해 필연적인 것도 아니라는 사실도 잘 알고 있다. 이런 충분한 인식을 상징적인 인식이라고 한다.

상징적 인식은 대수학이나 산술에 사용된다. 우리는 대수학이나 산술의 개념이 아주 복잡하고 쉽게 이해할 수 있는 것이 아니라는 것을 잘 알고 있다. 그래서 우리가 이런 복잡한 개념에 있는 모든 특징을 안다는 것은 어렵기 때문에 이런 인식은 상징적일 수밖에 없다. 하지만 우리는 대수학이나 산술의 개념 모두는 아니지만 최소한 어떤 것들은 알고 있다. 이렇게 우리가 최소한 알고 있는 이런 인식을 직관적 인식이라고 한다.

라이프니츠는 이렇게 인식을 나누었지만, 우리가 최소한 알 수 있는 인식은 충분한 인식과 직관적 인식이다. 그래서 그는 충분한 것이면서 직관적인 인식이 가장 완벽한 인식이라고 했다. 왜냐하면 판명하고 근원적인 개념에 대해서는 직관적인 인식 외에 다른 인식이 존재하지 않는다고 보았기 때문이다. 그리고 대부분 복합적인 개념에 대한 인식은 직관적인 인식이 아니지만, 최소한 상징적이다. 그러므로 사람들이 판명하게 인식하는 사물이라 할지라도 직관적인 사고를 하지 않으면, 그것에 대한 관념을 지각할 수 없다. 문제는 우리가 사용하는 사물의 명칭을 이미 설명했다고 착각하는 바람에 그 사물에 대한 관념을 갖고 있다고 생각하는 경우다. 이런 경우 사람들은 사물에 대한 관념을 가지지 못한다. 이때 우리는 그 사물을 이해하지 못했다고 할 수 있다. 이런 경우 라이프니츠는 참이 아니라고 주장한다.

우리는 사물의 개별적인 개념들을 이해하거나 혹은 과거에 이해한 적이 있기 때문에 기억하고 있지만 복합적인 개념에는 이해되지 않거나 기억하지 못하는 개념들이 포함되어 있을 수도 있다. 그러나 우리는 이런 복합적인 개념까지도 이해했거나 기억하고 있다고 판단한다. 그래서 종종 우리는 복합적인 개념에서 모순을 발견하곤 한다. 라이프니츠는 그 예를 데카르트의 '신존재증명'에서 찾고 있다.

데카르트는 완전성으로 신의 존재를 증명하였다. 데카르트에 따르면 이 세상에 존재하는 것들은 조금씩 불완전한 상태다. 그리고 이 불완전한 것은 완전한 어떤 것에서 나온다. 그리고 가장 완전한, 더 이상 불완전하려 해도 불완전할 수 없는 존재가 있을 수도 있다. 만약 그런 완전한 존재가 있다면 데카르트는 그것을 신이라고 보았다.

라이프니츠의 생각은 다르다. 데카르트에 따르면 우리가 더 완전한 것을 생각할 수 없는 그런 완전한 것에 대한 관념에서 신이 추론되어 나온다. 그러나 이 말의 의미는 신이 있다면 완전한 것에서 신이 존재한다는 사실이 추론되어 나온다는 것이다. 신이나 완전성 모두 복합적인 개념이고, 이런 개념을 우리가 모두 다 알지 못한다면 분명 그 속에는 모순이 남아 있다. 이런 모순이 있는 개념은 완전할 수 없으며, 그곳에서 추론된 내용 또한 정당한 추론형식을 갖고 있지 않다는 것이다.

누군가는 마차의 바퀴가 도는 것을 보고 바퀴 자체가 가장 빨리 돈다고 말할 것이다. 사실 바퀴의 부품 중에서 가장 빨리 도는 것은 지면에 닿는 바퀴가 아니라 바퀴살이 모여 꽂혀 있는 바퀴통이다. 하지만 우리는 바퀴통이 가장 빨리 돈다고 하지 않고, 바퀴가 가장 빨리 돈다고 말한다. 이렇게 우리는 가장 빠르다는 관념을 바퀴통이 아니라 바퀴에서 갖게 된다. 라이프니츠는 이런 예를 통해 완전한 존재의 관념을 갖기 위해서는 완전한 존재를 생각하는 것만으로는 부족하다고 생각했다. 그리고 바른 추론이나 논증을 하기 위해서는 가장 완전한 존재의 가능성이 먼저 증명되거나 전제되어야만 한다. 물론 우리는 신의 관념을 갖고 있고, 가장 완전한 존재에 대한 관념도 갖고 있다. 그러나 라이프니츠는 데카르트의 이런 주장이 추론을 위한 증거가 부족하다고 보았다.

여기서 라이프니츠는 사물에 대해 두 가지 정의를 내린다. 즉 어떤 사물을 다른 사물과 구별하기 위해서 단지 사물의 특징만을 포함하는 경우를 명목적 정의라고 하고, 사물의 가능성에 대해 말할 때를 실질적 정의라고 구별한다.

3
라이프니츠의 관념

정의된 사물이 실질적으로 존재한다는 것이 가능할까? 라이프니츠는 가능하다는 것이 다른 어떤 근기로부터 증명되거나 확립되지 않고 명목적 정의만으로는 완전한 지식이 될 수 없다고 주장한다. 이때 무엇이 참된 관념이며, 어떤 것이 거짓 관념인지가 분명히 나타난다. 즉 하나의 관념에 개념을 줄 수 있으면 참된 관념이다. 반면 개념에 모순을 포함하고 있으면 거짓 관념이라고 할 수 있다.

그리고 라이프니츠는 사물을 선험적으로 인식하거나 혹은 후험적으로 인식한다고 보았다. 우리가 알고 있는 개념을 설명할 때, 이미 알거나 알려질 가능성이 있는 개념을 전혀 담고 있지 않은 것이 바로 선천적 인식이다. 라이프니츠는 선천적 인식의 예로 사물이 어떻게 생성되는가에 대해 파악하는 경우를 든다. 이런 경우에는 인과적 정의가 필요하기 때문이다. 그러나 사람들은 한 사물이 실제로 존재하는 것을 경험할 수 있다. 이런 경우가 바로 후험적 인식이다. 한 사물이 실제로 존재하거나 존재했던 것을 경험하는 것이 가능하기 때문이다.

라이프니츠는 데카르트가 『방법서설 Discours de la méthode』에서 주장한 명증의 법칙, 즉 "사물에 대해서 명석하고 분명하게 파악한 것은 진리다"라는 것도 관념을 잘못 사용하고 있다고 보았다. 또한 데카르트와 같이 경솔하게 판단하는 사람들에게는 종종 애매하고 모호한 것이 명석하고 분명한 것으로 나타난다고 말한다. 그렇기 때문에 명석하고 분명한 것의 기준이 제시되어야 하며, 관념의 참이 확실하게 정해져야 한다. 그리고 이것을 하나의 공리로 정해야 한다고 주장한다.

그 외의 것은 일반논리학의 규칙과 법칙에 따랐고, 경험과 증명에 따라 논증되지 않는 것은 확실한 것으로 받아들이지 않으면 된다. 일반논리학의 규칙과 법칙이라고 해도 삼단논법에 의한 증명방법과 같은 형식적인 방법을 꼭 따를 필요는 없지만, 논리학에서 요구하는 규칙이나 법칙에서 벗어나는 것은 안 된다.

일반논리학에 따르면 전제와 결론의 관계가 무엇보다 중요하다. 그러므로 필수적인 전제가 빠지거나 생략되어서는 안 되며, 전제는 무엇보다 이미 증명이 된 것으로 분명해야 한다. 물론 전제에는 가정적인 것도 있을 것이다. 이런 경우에 결론도 가정적이라고 할 수 있다. 파스칼은 조금이라도 애매한 표현은 모두 정의 내려져야 하며, 조금이라도 의심스러운 진리는 모두 증명되어야 하는 것이 기하학의 과제라고 했다. 라이프니츠는 바로 이 파스칼의 생각처럼 철학의 개념들은 조금이라도 애매하거나 의심스러운 것으로 남아 있어서는 안 된다고 주장한다. 라이프니츠는 사람들이 주의 깊게 생각하면 이런 문제는 해결될 수 있다고 보았다.

사람들은 신에 대한 모든 것을 통찰할 수 있을까? 그리고 사람들은 자신의 고유한 관념을 갖고 있을까? 이 물음에 대한 답을 사람들은 알 수 없다. 하지만 라이프니츠는 사람들이 신 안에 있는 모든 것을 통찰하거나 우리의 고유한 관념을 가진다고 할지라도 분명한 것은 정신의 특성을 가져야 한다고 보았다. 즉 인간 정신 안에는 지속해서 일어나는 생각을 통하여 어떤 변화가 있는 것이 분명하다. 그리고 신 안에는 절대적으로 무한한 연장의 관념만이 현실적이고 필연적으로 주어져 있는 것이 아니라 연장의 형태도 현실적으로 주어져 있다.

그리고 우리 정신이 감각으로 색깔이나 냄새를 구별할 때, 하나하나를 구별할 정도로 분명하지 않은 것이 다양한 형태로 나누어져 있다면 우리 정신은 혼돈에 빠진다. 즉 정신은 감각이 복합적으로 되어 있는 사물을 하나하나 나누어서 구별하지 못한다는 사실을 알지 못한다. 예를 들어서 노란색과 파란색이 합쳐진 녹색이 있다고 가정하자. 감각은 녹색만 의식할 뿐 그것이 노란색과 파란색이 합쳐진 사실을 알지 못한다. 혹 감각이 녹색이 새로운 하나의 색깔이라는 것을 상상한다고 할지라도, 그것이 노란색과 파란색이 혼합한 것 외에는 다른 어떤 것도 알 수 없다. 라이프니츠는 정신은 감각이 사물을 전체적으로 파악하거나 이해하지 못한다는 사실을 알지 못한다고 보았다.

라이프니츠는 이렇게 여러 가지 종류의 관념을 얘기한다. 그러므로 사람들은 항상 확실하게 관념을 가지고 있다고 주장할 수도 없다. 그뿐만 아니라 관념에 대해 이렇게 많은 명칭이 오히려 어떤 상상을 정당화하기 위해 잘못 이용되고 있다고 보았다. 우리는 앞서 '가장 빠른 바퀴의 예'를 살펴 보았다. 이 예처럼 사람들은 생각하고 있는 사물에 대해 항상 같은 관념을 가지고 있지 않다.

3

인간본성과 본유관념에 대하여

1
데카르트와 로크의 관념

서양철학에서는 관념의 종류를 셋으로 나눈다. 본유관념, 인위관념, 그리고 외래관념이다. 그리고 이 관념의 문제를 가장 중요하게 다룬 철학자는 아마도 데카르트와 로크일 것이다. 이들에게 문제 되는 것은 본유관념이다. 데카르트는 합리적인 사고방식에서 본유관념의 중요성을 강조한 반면, 로크는 경험적인 방법으로 본유관념 자체를 부정하고 있다.

관념의 예로 이 셋을 구별해 보자. 먼저 외래관념이다. 존재하는 사물을 사람의 다섯 가지 감각으로 만들어내는 관념이 바로 외래관념이다. 인간의 감각 밖에 존재하는 것으로 감각을 통해 얻을 수 있는 관념이라는 뜻이다. 사람의 주변에 있는 책상, 나무, 컴퓨터, 혹은 핸드폰 등이 이에 속한다. 그런가 하면 인위관념은 사람이 감각을 통해서 얻은 지식을 합쳐 새롭게 얻어낸 관념이다. 사람과 코뿔소의 뿔을 합쳐서 도깨비를 만들었다. 낙타의 얼굴, 사슴의 뿔, 토끼 눈, 뱀의 몸통, 사자의 머리털, 잉어의 비늘, 매의 발, 그리고 소의 귀 등 9가지 이상의 동물을 조합하여 만들어 낸 용, 사람의 얼굴, 사자의 몸, 그리고 독수리의 날개를 가진 스핑크스와 같은 것들이 바로 인위관념이다.

그리고 사람의 감각을 통해 얻어지지 않는 관념도 있다. 모든 것을 의심하며 생각하는 자신의 존재를 바탕으로 합리론을 완성하려 했던 데카르트는 결국 생각만으로 본유관념을 만들어 낼 수 있다고 믿었다. 신에 대한 생각, 수학의 공리, 철학적인 진리와 같은 본유관념은 사물로 존재하는 것도 아니고, 존재하는 사물을 합치거나 조합해서 얻어지는 관념도 아니다. 그래서 데카르트는 이 본유관념이야말로 태어나면서 이미 알고 있거나 태어날 때 갖고 나온다고 주장한다.

반면 로크는 이 본유관념을 부정한다. 사람은 모든 관념을 태어난 후의 경험을 통해 얻기 때문에 태어나면서 알거나 갖고 나오는 본유관념은 있을 수 없다고 본다. 그래서 그는 백지설을 주장한다. 사람은 태어날 때 마치 백지와 같다는 것이다. 그리고 사람은 태어난 다음 경험을 통해 이 백지에 하나하나 관념을 그려 간다고 보았다.

2
라이프니츠의 본유관념

　로크는 망명 중 네덜란드에서 저술한 『인간오성론*An Essay concerning Human Understanding*』을 명예혁명이 끝나고 영국으로 돌아온 1690년에 발표한다. 이 책에서 로크는 데카르트의 합리주의 사상을 비판하는 내용을 담았다. 라이프니츠는 바로 로크의 이런 주장에 반박하는 내용을 정리하여 1704년에 『신인간오성론*Nouveaux essais sur l'entendement humain*』을 완성하였다. 그러나 같은 해에 로크가 죽자 출판할 수가 없었다. 결국 라이프니츠의 이 책은 그가 죽고 많은 시간이 지난 1765년에 출판되었다. 그의 본유관념에 대한 생각이 무엇인지 이 책을 중심으로 살펴보자.

　잘 알려진 것처럼 로크의 『인간오성론』은 모두 네 권으로 나누어져 있으며, 본유관념, 관념, 언어, 그리고 진리와 개연성에 관한 내용을 담고 있다. 라이프니츠의 『신인간오성론』도 로크의 『인간오성론』을 충실하게 따라 서술되었는데, 역시 모두 네 권으로 나누어져 있다. 그리고 목차도 본유관념, 관념, 언어, 그리고 인식의 문제를 다루고 있어 로크의 『인간오성론』과 같다.

라이프니츠는 로크가 사람의 관념이 태어날 때 백지와 같다는 것에 대해서 잘못 생각하였다고 주장한다. 감각과 다르게 어떤 특정한 관념은 태어나면서 갖고 나오는 것이 옳다는 주장이다. 라이프니츠는 『신인간오성론』 1권에서 본유관념에 관해 논하는데 로크가 인간 정신의 발달을 경험에 두고 경험만 중요하게 생각하는 것을 먼저 문제 삼았다.

라이프니츠는 특정한 관념은 본유관념적인 것으로 경험으로 생기는 것이 아니라고 주장한다. 그리고 데카르트와 플라톤의 생각을 지지하기 위해서 대리석을 예로 든다. 라이프니츠는 경험이 쌓인다는 것은 석회암이나 백운암이 광역 혹은 접촉변성작용을 일으켜 흰색과 갈색이 겹쳐 아름답고 기이한 무늬를 띠고 있는 대리석과 같다고 보았다. 물론 로크의 주장은 사람들이 경험을 통하거나 다른 방법을 통해 본유관념을 얻을 수 있게 하자는 것이지 태어날 때부터 갖고 나왔다고 주장함으로 모든 사람이 의식적으로 받아들이게 하지는 말자는 것이다.

　라이프니츠는 로크가 관념은 감각을 통해 얻은 경험이 정신을 충동함으로써 의식세계에 떠오른 것이라고 보고 있다고 주장한다. 그러나 이것을 모든 사람이 다 할 수 있는 것은 아니며 남다르게 뛰어난 창의력과 분석력을 가진 사람만이 가능하다. 라이프니츠는 소크라테스가 상기를 설명하기 위해 메논의 집에서 일하는 노예 소년에게 기하학적 지식을 설명하는 것과 같은 예로 이를 설명하고 있다.

　소크라테스는 메논에게 이데아 세계가 있다는 것을 설명한다. 하지만 메논은 그것을 인정하지 않으려고 한다. 이때 소크라테스는 메논에게 메논의 집에서 일하는 소년이 기하학적인 지식이 있느냐고 묻는다. 메논은 그 소년은 기하학뿐 아니라 어떤 교육도 받지 않았기 때문에 사전 지식이 없다고 주장한다. 이때 소크라테스는 메논이 지켜보는 가운데 그 소년을 앉혀 놓고 기하학적인 지식을 가르치는 것이 아니라 상황을 설명한다. 이 설명을 들은 소년은 어려운 진리를 스스로 깨우치고 기하학적인 지식을 상기한다. 소크라테스는 이를 바탕으로 메논에게 상기가 무엇이며, 이데아 세계가 있음을 증명한다.

라이프니츠는 바로 이데아 세계에 대한 상기와 같은 것이 본유관념이라고 설명한다. 물론 로크가 주장하는 것처럼 경험이 본유관념과 진리를 밝히기 위해 도움이 될 것이다. 그러나 라이프니츠는 경험이 아니라 이성만으로 본유관념과 진리를 설명하고 그 가치를 확인할 수 있다고 주장한다.

라이프니츠는 본유관념의 예를 기하학 외에도 논리와 산수에서도 찾아볼 수 있다고 보았다. 사실 데카르트는 당시 어떤 철학자보다 수학에 관심이 많았던 사람이다. 라이프니츠는 이런 데카르트의 생각을 옹호하고 로크의 생각에 반박했다는 느낌이 들 정도로 산수로 본유관념의 예를 들어 설명한다. 산수는 우리가 잘 알고 있는 것처럼 일반적인 산수 계산법에 따라 계산을 한다. 우리가 더하고 빼고 곱하고 나누는 것이 마치 방법에 따라 계산하는 것처럼 보인다.

산수에 대한 라이프니츠의 예를 살펴보면 다음과 같다. 어떤 아이든 1부터 10까지만 세는 방법을 배우거나 알게 된다면 그다음부터는 10단위를 더해 11, 12와 같이 세는 방법을 쉽게 배울 수 있다. 18, 19, 그리고 37의 예를 들어 보자. 우선 10에 1과 3을 각각 곱하면 10과 30을 얻을 수 있다는 것을 안다. 그리고 8, 9, 7은 1부터 10안에 포함되는 수이기 때문에 이미 알고 있는 수이다. 이렇게 해서 '18+19=37'이란 계산을 하게 된다면 우리는 이것을 경험으로 알게 되었다고 할 수 있다.

실질적으로 산수는 우리가 계산방법을 쉽게 하기 위해 만들어 놓은 법칙에 따라 계산할 뿐이다. 산수의 계산방법을 아는 사람이나 모르는 사람이나, 혹은 계산방법을 경험한 사람이나 경험하지 않은 사람이나 '18+19=37'이다. 이런 관점에서 라이프니츠는 산수는 결코 지식을 통해 얻은 관념이 될 수 없다고 보았다. 그리고 이러한 산수에 대한 관념도 본유관념으로 보았다.

경험이 그렇다고 본유관념이 무엇인지 밝혀주는 데 아무런 도움이 되지 않는 것은 아니다. 산수의 예에서 보듯이 실질적으로 본유관념을 밝히는 데 필요한 것은 지성이며 이성이다. 라이프니츠는 이런 지성이나 이성적인 활동이 없다면 결코 우리는 본유관념이 무엇인지 밝힐 수 없다고 주장하며 피타고라스정리로 이를 설명하고 있다.

사모스 섬에서 태어난 피타고라스는 아버지의 재력 덕분에 이집트와 칼데아 지역을 여행하고 이탈리아로 가서 학파를 만들었다. 그리고 그곳에서 피타고라스정리를 발표하면서 유명한 사람이 되었다. 사실 이 피타고라스정리는 피타고라스가 이집트를 여행하면서 배운 기하학 중 하나에 불과하다. 오늘날 우리는 피타고라스정리로 직각삼각형의 변을 구하는 데 사용한다. 하지만 당시 이집트 사람들은 피타고라스정리를 그렇게 이용하지는 않았다는 것이 라이프니츠의 생각이다. 고대 이집트 사람들은 자신들이 소유하고 있는 땅의 측정 단위가 3과 4일 때 직각삼각형의 정리에 따라 빗변의 측정 단위가 5라는 사실을 경험적으로 알고 있었던 것이다.

고대 이집트 사람들은 자신들이 소유하고 있는 땅의 측정 단위를 단지 경험으로 알고 있었고, 그것을 직각삼각형의 정리로 받아들였다. 그리고 그것을 보고 배운 피타고라스는 직각삼각형의 모르는 한 변의 길이를 구하는 새로운 정리를 도입했다. 이렇게 피타고라스가 피타고라스정리를 도입하면서 고대 이집트 사람들이 알지 못했던 직각삼각형의 일반적이고도 필연적인 진리가 그 속에 나타난 것이다. 피타고라스정리는 직각삼각형의 빗변의 제곱이 다른 두 변의 제곱의 합이라는 기하학적인 필연성을 갖고 있다. 이런 필연성을 고대 이집트 사람들은 자신들의 땅을 측정하고 지키기 위한 경험적인 발견으로 보았던 것이다.

이렇게 고대 이집트 사람들은 기하학의 필연적인 진리, 즉 본유관념은 전혀 알지 못했다. 라이프니츠는 바로 이것이 기하학의 본유관념에 대한 예라고 보았다. 그리고 이런 기하학의 본유관념에 관한 내용을 알게 해 준 사람들이 바로 피타고라스를 비롯한 고대 그리스의 기하학자이다. 라이프니츠는 고대 그리스의 기하학자들은 경험을 통해 얻은 사실 속에 들어 있는 이성의 진리를 찾아낸 사람들이라고 보았다.

라이프니츠의 또 다른 예를 살펴보자. 사람이 처음 만들어져 세상에 나왔다고 가정하자. 원시인은 세상의 모습을 전혀 알 수 없을 것이다. 그리고 길을 가다 곰을 만났다고 가정한다면, 원시인이 이 곰을 무서워해야 할까 아니면 곰이 원시인을 무서워해야 할까? 또 다른 예를 보자. 목동과 동물의 관계다. 동물은 목동의 명령에 따라 움직인다. 그러나 목동의 명령에 따르지 않는 동물들은 무리에서 이탈하여 멀리 도망가곤 한다. 그렇다면 야생동물은 어떤가? 야생동물은 목동의 명령에 따라야 할까? 아니면 초원을 떠나야 할까?

두 가지 예에서 우리가 알고 있는 분명한 사실은 원시인이나 목동의 행동이 정신적인 면보다는 신체적으로 건강하며 오히려 물질적인 면이 더 앞서 있다는 것이다. 그래서 이들은 감각적인 경험을 통해 진리를 얻으려고 했을 것이다. 곰을 처음 만난 원시인은 어쩌면 곰을 사냥감이라 생각하고 자신의 능력만 믿고 싸우려 했을지도 모른다. 목동 역시 마찬가지로 사자를 다른 초식동물처럼 길들이겠다는 욕망으로 가득 찼을 수도 있다. 그러나 시간이 지나면서 그렇게 할 수 없다는 사실을 알았을 것이다. 그들은 이렇게 안 사실을 경험적인 진리나 인식으로 생각했을 것이다.

곰을 사냥하려는 원시인이나 사자를 길들이려는 목동의 행동은 라이프니츠의 관점에서 보면 경험적인 인식으로 얻어지는 것이 아니다. 이것은 본유관념의 문제다. 본유관념의 진리는 인간의 정신 속에 있는 진리다. 물론 이런 생각을 쉽게 받아들일 수는 없다. 그러나 라이프니츠는 로크의 생각과는 다르게 본유관념은 없는 것이 아니라 있다고 보았고, 그 예를 기하학, 산수 등에서 찾았다. 그러나 라이프니츠는 본유관념을 설명하면서 결코 감각적인 경험을 완전히 배제하지는 않는다. 이때 그는 하나의 차이를 두는데 우연성과 필연성이다. 라이프니츠는 우연성은 감각 경험에 기초를 두는 진리를 의미하며, 그렇지 않은 진리는 필연성이라고 구별하였다.

감각적 경험을 통해 우리는 어떤 사물을 인식한다. 그러나 미래에도 과거와 같은 방법을 통해 그 사실을 인식하리라는 어떤 보장도 갖고 있지 않다. 그러나 이미 우리의 정신 속에 있는 본유관념은 다르다. 본유관념과 관계된 사물은 반성하고 분석할 때, 이미 정신 속에 있는 본유관념이 작용해서 같은 진리나 인식으로 남는다.

로크는 모든 관념이 감각적 경험 혹은 내적인 반성으로부터 생긴다고 주장한다. 라이프니츠는 『신인간오성론』 2권에서 이러한 로크의 주장에 대해 논박하고 있다. 신, 존재, 혹은 실체와 같은 관념은 본유적인 것이기 때문에 결코 로크의 주장처럼 내적인 반성으로 얻어질 수 없다고 주장한다. 더 나아가 로크의 백지설이 일반적으로는 있을 수 없는 허구에 불과하다고 보았다.

로크에 의하면 우리의 다섯 가지 감각은 확실하게 정해진 현상에 의해서만 기능한다. 색깔, 형태, 크기, 감촉 등이 우리

의 감각을 통해 전달되어 확실하게 알 수 있는 것이다. 라이
프니츠는 이런 로크의 생각을 우리의 감각을 너무 단순화한
것으로 보았다.

세창사상가산책 | GOTTFRIED WILHELM LEIBNIZ

4

형이상학에 대하여

『단자론』과 함께 라이프니츠의 주요한 저서로 알려졌으며 근대 철학에 있어 가장 중요한 저서 중의 하나인 『형이상학론 *Discours de métaphysique, Metaphysische Abhandlung*』은 1686년 완성되었다. 이 책은 라이프니츠의 철학체계를 잘 보여주고 있다. 그러나 이 책의 중요성은 그동안 감추어져 있었다. 아마도 『단자론』에 너무 비중을 둔 당시 사상가들 때문이었을 것이다.

사실 라이프니츠는 몇몇 아는 사람들에게만 『형이상학론』의 저술이 끝난 사실을 알렸을 뿐 출판하거나 발표하지는 않았다. 그러면서 라이프니츠는 스스로 이 책에 대해서 만족한다고 늘 주변 사람들에게 얘기했다. 아마도 그는 이 책을 통해 자신의 철학체계를 완성하려 생각했던 것은 아닌 것 같다. 특히 이 책이 마인츠의 쇤보른 선제후 가문에 머무는 동안 저술된 것으로 미루어 보아 우리는 정치적인 목적도 생각할 수 있다.

라이프니츠는 『형이상학론』을 통해 단순히 자신의 철학체계를 완성하기보다는 사회의 대립이나 투쟁을 조정하고, 정치적인 갈등이나 문제를 해소하고자 했으며, 종교와 학문의 원활한 관계를 만들고자 했던 것으로 보인다. 이 책이 처음 출판된 것은 라이프니츠가 죽고 난 다음인 1856년이었으며, 러셀이 처음으로 이 책의 중요성을 지적하면서 오늘에 이르고 있다.

사실 『형이상학론』에서 신학보다 철학의 문제를 비중 있게 다루고 있다. 비록 이 책은 신의 문제로 시작하지만, 실체의 문제를 더 비중 있게 다룬 것으로 보아 신학의 문제는 일부에 불과함을 알 수 있다. 특히 우리가 간과해서 안 되는 부분은 바로 물리학적인 법칙이나 역학에 대한 라이프니츠의 사상이다. 이 책에서 그는 물리학적인 문제를 다룸으로써 신학보다는 철학에 더 비중을 두고 있음을 쉽게 파악할 수 있다.

우리는 『형이상학론』의 저술 방법이 논리적인 논증 법을 따르고 있다는 것을 잘 알고 있다. 또한 라이프니츠의 수학과 논리학의 사랑에 대해서도 너무나 잘 알고 있다. 우리는 이런 그의 사상을 이 책의 서술방법에서도 찾아볼 수 있다. 여기서 다룰 주제는 신, 실체, 물리학, 오성, 인간의 의지, 그리고 종교의 문제다. 이 순서에 따라 살펴보면 다음과 같다.

1
신의 완전성에 대하여

'신이 무엇인가?'라는 질문을 받게 되면 가장 먼저 당황하게 된다. 어떻게 대답하는 것이 가장 좋을지 잘 모르기 때문이다. 사실 스콜라철학자들은 신을 절대적 완전성이라는 개념으로 설명했다. 라이프니츠는 신의 개념과 가장 잘 어울리고 널리 알려진 절대적 완전성으로 신을 정의하는 것을 비판하고 있다. 라이프니츠는 완전성을 형이상학적인 의미와 도덕적인 의미로 나누어 설명하는데, 먼저 형이상학적인 의미의 완전성을 자연에서 찾았다. 자연에는 여러 종류의 서로 다른 완전성이 있는데, 신은 이 완전성을 모두 소유하고 있다는 것이다. 자연의 서로 다른 완전성은 가장 높은 신의 완전성에 소속되어 있는 것이다.

라이프니츠는 완전성을 구별하면서 확실한 특징이 하나 있다고 보았다. 그것은 수나 도형의 본질과 같이 한계가 있는 것은 완전성이 될 수 없다는 것이다. 지식과 능력은 어떨까? 라이프니츠는 지식과 능력은 수나 도형과 다르게 그 한계가 없다고 보았다. 이렇게 한계가 없는 지식과 능력을 우리는 완전성이라고 볼 수 있다. 그러므로 지식과 능력은 신에 속하는 완전성이고 한계가 없다. 지식과 능력의 무한함은 지혜의 무한함으로 이어진다. 이 지혜의 무한함은 도덕적인 의미의 완전성으로 신의 완전한 행위와 행동을 뜻한다.

일반적으로 신이 만든 피조물 속에는 창조주 신을 상징하는 선함과 완전성이 들어 있다고 생각한다. 신이 그들을 만들었다는 외적인 이유 하나만으로 사물들의 관념에는 선이나 완전성에 대한 어떤 규칙이 있다고 주장하는 사람들이 있다. 그러나 라이프니츠는 이런 주장을 믿지 않는다. 성서에 따르면 신은 피조물을 만든 다음, 그것을 살펴본 다음 '좋다'라고 말했다. 라이프니츠는 이 말의 의미를 신이 피조물에게 자신의 선이나 완전성을 담지 않았다는 이유로 제시한다. 만약 신이 피조물에 자신의 선이나 완전성을 온전하게 담았다면, 창조한

다음 살펴보고 '좋다'라는 말을 할 필요가 없다. 자신의 선이나 완전성을 담아 만들어진 창조물은 당연히 좋을 수밖에 없기 때문이다.

　신이 피조물을 만들었기 때문에 피조물을 보는 우리는 그 외형에서 신을 떠올리고, 우리도 그 피조물을 통해 우리 자신 속의 신을 생각할 수밖에 없다. 그럼에도 불구하고 우리는 선의 의지 때문에 우리가 선하다고 하지 않고, 마치 신이 선과 완전성을 우리에게 담아 창조한 것처럼 신의 의지 때문에 우리가 선하다고 말한다. 라이프니츠는 이런 생각이야말로 신에 대한 모든 사랑과 영광을 우리가 스스로 파괴하고 짓밟는 것과 같다고 보았다. 우리는 선한 행동만 하는 것이 아니라 악한 행동도 하기 때문이다.

　우리는 선한 행동을 한 사람에게는 신의 의지와 사랑을 얘기하고 악한 행동을 한 사람에게는 그런 말을 하지 않는다. 하지만 신의 행위는 선한 행위든 악한 행위든 우리는 찬양을 해야 한다. 마찬가지로 전제군주나 참주의 행위를 정의롭다고 한다면 우리는 신의 정의나 지혜를 어디에서도 찾을 수 없다. 이들에게는 의지보다 의욕이 앞서며 선과 정의 혹은 완전성은 결코 신의 의지와는 전혀 무관할 뿐이다. 그러므로 선과 완전성의 규칙은 신의 의지에 의존하는 것이 아니라 신의 오성의 결과라고 라이프니츠는 생각한다.

그렇기 때문에 라이프니츠는 사람들이 피조물을 보고 신이 최고의 행위를 하지 않았고, 더 잘할 수 있었다는 주장에 동의하지 않는다. 최고의 행위를 하지 않았다는 것은 신이 더 완전하게 할 수 있었음에도 불완전하게 했다는 의미다. 라이프니츠는 이것이 신의 영광과 사랑을 무시하는 생각이라고 보았다. 목수가 과연 더 잘 지을 수 있는 건물을 잘못 지을 수 있을까? 완전성에는 한계가 없듯이 불완전성에도 한계가 없다. 피조물의 불완전성은 아주 낮은 단계에 이르기까지 여러 단계의 불완전성이 있을 것이고, 그것은 아무리 불완전하다고 해도 그 아래 단계의 불완전성보다는 낫다. 그렇다고 이런 불완전성을 좋다고 할 수는 없다.

이렇게 성서에 분명한 근거를 두고 있음에도 근대의 철학자들은 분명하지 않은 근거를 바탕으로 신의 선과 완전성을 바탕으로 신이 피조물을 더 잘 창조할 수 있었는데 그렇게 하지 않았다고 주장한다. 사람도 그러하겠지만, 신도 A와 B 중 하나를 택하라면 아무런 이유 없이 무엇을 택하지는 않을 것이다. 분명한 근거와 이유를 갖고 신은 더 좋은 것을 택하기 때문에 사람들은 신의 능력을 찬양하고 좋아한다. 그래서 라이프니츠는 신이 창조한 모든 피조물은 지금보다 더 좋은 것이 될 수 없고, 신은 지금보다 더 잘할 수 있었을 것이라는 우리의 생각이 잘못된 것이라고 주장한다.

이런 관점에서 볼 때 신의 행위는 가장 완전하거나 가장 바람직하다. 이런 신의 행위에 대한 인간의 존경심이 바로 신에 대한 사랑으로 나타난다. 왜냐하면 사람은 자신이 사랑하는 대상의 행복이나 완전성에서 만족을 얻기 때문이다. 그리고 사람은 신이 원치 않는 것을 행하지 않을 능력을 갖추고 있음에도 신이 원하는 것을 하지 않는다. 그래서 라이프니츠는 사람이 올바로 신을 사랑한다는 것은 결코 쉽지 않다고 보았다. 그리고 신이 창조한 것에 대해서 불만을 품는 사람은 반역자의 의도와 다르지 않다고 주장한다. 그래서 신을 사랑하려는 사람은 강제로 스스로 참고 견디는 것만으로는 부족하고, 신의 의지에 따라 일어나는 모든 것에 진정으로 만족할 줄 알아야 한다. 그렇다고 미래에 일어날 일에 대해 팔짱을 끼고 신이 하는 일을 지켜보라는 뜻은 더더욱 아니다. 사람은 예상되는 신의 의지에 따라 어떻게 행동할 것인가를 스스로 판단하여야 하며, 주변 가까이 놓여 있는 것을 아름답게 하거나 완전하게 하기 위해 최선을 다해 노력하여야 한다.

여기서 우리가 물을 수 있는 것은 신의 행위에 있어서 완전성의 규칙이 과연 있는가 하는 것이다. 신은 자신을 사랑하는 사람에게 최선을 다하고 있으며 결코 어떤 손해도 끼치지 않는다는 믿음을 주어야만 사람이 신을 사랑할 것이다. 하지만 라이프니츠는 이 모든 것을 정신이 신의 직관을 갖지 못하면 아무런 의미가 없다고 보았다. 그렇다면 이 정신은 어떻게 얻어지는가. 라이프니츠는 우리의 삶 속에서 완전성의 예를 다음과 같은 곳에서 찾았다.

첫째, 작도와 제도를 가장 잘할 수 있는 능력을 갖춘 기하학자
둘째, 돈과 재료를 가장 적절하게 이용하여 주변 환경과 가장 잘 어울리는 건축물을 지을 수 있는 훌륭한 건축가
셋째, 가진 재산을 저축하고 낭비하지 않고 알뜰하게 사용하여 항상 이익을 남기는 훌륭한 가장

넷째, 가장 간단한 방법으로 원하는 결과를 얻을 수 있는 유능한 기계 제작자

다섯째, 가능한 한 가장 많은 사실을 가장 적은 분량으로 요약하여 완전하게 이해할 수 있는 문장으로 만들어 낼 수 있는 박식한 작가

라이프니츠는 이들을 완전하게 사는 사람으로 보았다. 그러나 이들보다 더 완전한 것이 있다. 그것은 가장 작은 공간에서 서로 가장 적게 방해하는 존재들이다. 라이프니츠는 이 존재가 바로 정신이라고 주장한다. 그래서 정신적인 존재의 행복이 곧 신의 최고 목적이다. 그러므로 신에게 있어서 완전성의 규칙이란 자신의 선과 완전성에 따라 실제 세계를 존재하도록 하기 위해서 결정을 내리는 것이다.

이렇게 선과 완전성을 소유한 신은 질서를 벗어나는 행위를 할까? 라이프니츠는 신의 의지 또는 행위를 일반적인 것과 특별한 것으로 나누지만, 신은 질서를 벗어나는 어떤 행위도 하지 않는다는 것을 전제로 한다. 신의 특별한 행위란 피조물의 영역에 있는 특별한 질서와 관계하는데 우주의 보편적인 질

서가 바로 그것이다. 세계 안에서는 질서에 어긋나는 어떤 불규칙적인 것도 있을 수 없으며 상상할 수도 없다. 라이프니츠는 그 예로 중세에 유행했던 점쟁이를 들고 있다. 당시 점쟁이들은 종이 위에 점을 찍어 놓고 그 점을 연결하면서 길흉화복을 예견했다고 한다. 물론 점쟁이들이 종이 위에 점을 연결할 때 어떤 특별한 규칙이나 법칙을 갖고 있지는 않다. 하지만 라이프니츠는 그렇게 불규칙적으로 연결된 기하학적인 원이나 직선에서도 어떤 행태를 찾아볼 수 있거나 질서를 발견할 수 있다고 보았다.

세계가 비록 불규칙적이거나 무질서하게 보일지 모르지만 세계는 신에 의해서 규칙적이고 질서 있게 창조되었다. 신은 아주 간단한 기하학적인 곡선과 직선을 이용하여 단순하게 세계를 창조했는지 모른다. 그러나 세계에 나타나는 현상은 너무나 풍부하고 우리 사람들로 하여금 놀라움을 자아내기에 충분하게 창조되었다. 물론 이런 간단한 예를 통해 우주의 모든 비밀과 과제를 다 해결할 수 있는 것은 아니라고 라이프니츠는 주장한다.

이렇게 세계에서 일어나는 모든 것은 신의 의지 때문에 질서에 따라 일어난다. 그렇다면 기적은 어떨까? 기적도 자연 질서처럼 질서에 따라 일어난다. 우리는 앞에서 신의 의지를 일반적인 것과 특별한 것으로 나누었다. 신은 모든 것을 가장 완전한 질서에 따라 창조하는데 이것은 일반적인 의지에 따른 것이다. 그런가 하면 신은 특수의지를 이용하여 예외를 만들기도 한다. 물론 이런 예외와 같은 특수의지는 일반적인 의지에는 어긋나는 것이지만 일반의시 전체로 보면 특수의지 또한 일반의지의 한 부분이라고 할 수 있다.

신은 왜 피조물을 창조했을까? 이 질문에 대한 답을 찾는 것은 그렇게 어렵지 않다. 왜 신은 세계의 일부 중 어떤 하나를 창조했는가? 라이프니츠는 신이 단지 그것을 선택했다는 답만으로는 만족할 수 없었다. 즉 신이 자신의 의지에 어떤 충족 이유도 없이 무엇을 창조했다는 답에 만족하지 못했던 것이다. 라이프니츠는 신이 무엇을 창조하고 기적을 일으키고 하는 모든 것에 충분한 이유 혹은 충족이유가 존재해야 한다고 생각했다.

그런데 문제는 충족이유만으로 그 사실을 설명할 수 없다. 즉 신의 의지에 따라 피조물이 만들어진 것은 충족이유가 충분하다. 그러나 왜 신이 자신의 의지에 따라 피조물을 만들었을까 하는 질문이 뒤따르면 또 다른 대답이 필요하다. 여기서 라이프니츠는 충족이유에 대한 보충설명이 필요했다. 그것이 바로 신의 선이며 완전성이다. 신은 스스로 선하고 완전하므로 자신의 의지를 닮은 피조물이 만들어지길 원했던 것이고, 또 그렇게 했다. 바로 이런 측면에서 우리는 라이프니츠의 신의 완전성이론에서 예정조화설과 변신론 일부를 살펴볼 수 있다.

2
실체에 대하여

『형이상학론』에서 논의되는 두 번째 주제는 실체다. 어떤 사람은 신이 모든 피조물을 창조했다고 믿는가 하면, 또 어떤 사람은 신이 피조물에 부여한 힘만 유지한다고 생각하기 때문에 피조물의 행위로부터 신의 행위를 구별하는 것은 아주 어렵다. 라이프니츠는 이 문제를 해결하기 위해서 실체의 개념을 설명하는데, 그 이유를 신이 피조물에 부여한 힘만 유지한다는 것을 밝히기 위해서라고 말한다.

라이프니츠는 실체를 논리학의 술어와 주어개념으로 설명한다. 여러 술어가 하나의 동일한 주어에 속하지만, 이 주어는 다른 어떤 주어에도 속하지 않는다. 바로 이 주어가 실체다. 무엇이 주어에 속해 있을까? 한 가지 분명한 것은 참된 명제는 사물의 본성 안에서 그 근거를 가진다. 만약 술어가 정확하게 주어에 포함되어 있지 않는다 하더라도 잠재적으로나마 포함되어 있어야 한다.

라이프니츠는 한 가지 예를 들어 이를 설명하고 있다. '알렉산드로스 대왕은 죽었다'는 명제를 생각해 보자. 주어 '대왕'에 왕이라는 속성이 속해 있다. 만약 우리가 왕이라는 주체를 간과한다면 주어 '대왕'을 규정하기는 쉽지 않다. 그 외에 군주, 필리포스의 아들, 동방원정군의 사령관, 혹은 다리우스 왕과 싸워 이긴 사람 등과 같이 실제로 알렉산드로스 대왕을 설명할 모든 술어와 근거가 있다. 하지만 알렉산드로스 대왕이란 주어에 자연사할 사람인지 독살당할 사람인지 하는 것은 선험적으로 알 뿐이다. 즉 그의 영혼 속에는 그에게 일어난 일과 일어날 일이 가득 있을 것이다. 그러나 이것을 알 수 있는 존재는 신뿐이지만, 세계에서 일어난 일은 역사를 통해 그 발자취를 남긴다.

그러므로 알렉산드로스의 예에서 보듯이 라이프니츠는 두 개의 실체가 같으며 다를 수 없다고 보았다. 그리고 실체는 신의 창조에 의해서만 나타나고 없어진다. 그래서 한 개의 실체를 둘로 나눌 수 없으며 두 개의 실체를 합쳐서 하나의 실체로 만들 수도 없다. 이런 이유로 실체의 수는 자연 상태에서 증가도 감소도 없다는 것이다. 사람들은 모든 실체에 신의 능력과 지혜를 지니고 있다고 믿으며, 가능한 한 신을 흉내 내고 따르려 한다고 믿고 있다. 그리고 모든 실체는 알렉산드로스 대왕의 예처럼 분명하게 일어난 일에 대해서만 나름대로 인식하고 표현하기 때문에, 그들 스스로는 신의 전능함을 흉내 내 다른 실체에도 자신들의 능력이나 힘을 미칠 수 있다고 판단한다.

라이프니츠에게 있어서 문제는 실체적 형상이다. 스콜라철학자들을 비롯한 몇몇 철학자들은 규정할 수 없는 질료와 결합하여 실체를 이루는 형상을 실체적 형상이라고 했다. 그러나 라이프니츠는 현상이란 물리학적 탐구대상인 자연 세계로 관념의 세계이다. 실체는 정신 밖에 존재하는 것으로 감각할 수 없는 세계이며 알 수 없는 세계이다. 라이프니츠는 시계로 이를 설명하고 있다. 시계의 작용은 시간을 가리키는 성질 자체를 생각해야 알 수 있다. 그러나 보이는 시계가 시간을 가리키는 성질을 갖고 있다고 생각하면 안 된다. 마찬가지로 실체를 갖고 현상을 설명하면 안 된다.

그래서 라이프니츠는 자신의 의도와는 관계없이 실체적 형상을 인정하고 있다. 물체의 본질은 크기와 형태, 혹은 운동, 즉 연장을 갖고 있다. 그뿐만 아니라 물체의 본질은 실체적 형상도 갖고 있다. 물체가 실체적 형상을 본질로 가진 것을 동물이 영혼을 가진 것에 비유한다. 동물이 영혼을 갖고 있다고 하지만, 이 영혼은 동물에게 어떤 변화도 주지 못한다. 마찬가지로 실체적 형상이 물체의 본질이라고 하여도 현상 세계를 변화시킬 수 없다. 그리고 물체의 연장이 물체의 본질은 아니지만(본질로 보이는 색깔이나 열과 같은 것보다는 분명한 것은 틀림없지만) 결코 실체는 될 수 없다. 그러나 물체를 구성하는 영혼과 실체적 형상은 자신들이 무엇을 행하는지 알고 있으며, 자연적으로 사라지지 않기 때문에 이성을 가진 영혼들과는 다르다. 그러므로 모든 피조물은 영혼과 실체적 형상을 섬길 수밖에 없다.

이렇게 라이프니츠는 피조물이 섬길 수밖에 없는 실체적 형상을 인정한다. 이어서 실체의 우연적 진리와 필연적 진리에 대해서 논의한다. 앞에서 본 알렉산드로스의 예에서 대왕, 정복자, 혹은 요절한 장군과 같은 알렉산드로스를 설명하는 술어는 필연적인 진리다. 그러나 선험적으로만 알 수 있는 '자연사할 대왕'과 같은 것은 우연적인 진리다. 우리는 이 우연적인 진리를 알 수 없다. 이런 관점에서 라이프니츠는 우연적인 진리도 결국 필연적인 진리로 보아야 한다고 주장한다.

'율리우스 카이사르는 로마의 종신 집권자가 될 것이며, 통치자가 될 것이고, 로마 시민들의 자유를 박탈할 것이다.' 카이사르는 왜 이런 행위를 했을까? 신은 그가 어떤 행위를 할지 알고 있다. 신이 알고 있다고 해서 그가 그런 행동을 하면 안 되는 것도 아닐 것이다. 누군가는 신이 카이사르라는 개념에 해당되는 인격을 부여했기 때문에 필연적으로 그가 계속해서 그런 행동을 할 수밖에 없었다고 주장할 수도 있다. 카이사르뿐 아니라 모든 피조물은 미래의 형상이 주어져 있으며, 그 형상에 맞는 행위를 하게 되어 있다. 물론 이런 라이프니츠의 주장에 반대하는 사람도 없지는 않다.

라이프니츠는 카이사르가 미래에 집정관이 되는 것은 그의 개념 혹은 본질 속에 이미 근거가 있다고 주장한다. 그러므로 카이사르는 루비콘 강 앞에서 어떤 망설임도 없이 건너기를 결정하였고, 폼페이우스를 상대로 파르살루스 전투에서도 승리하였다. 물론 카이사르의 개념 속에 있는 이런 내용이 필연적일 수도 있지만 모순일 수도 있다. 신은 기하학의 증명처럼 그렇게 절대적이고 필연적으로 카이사르를 증명하지는 않는다.

피조물은 신의 자유로운 선택 대상일 뿐이다. 카이사르도 그중 하나다. 하지만 신은 가장 완전하게 행하려고 하고, 사람도 최선을 다하여 자신에게 주어진 것을 실현하려 한다. 그러나 라이프니츠는 모든 사람의 이런 행위를 우연적인 것으로 보았다. 우연적인 진리는 신이나 피조물의 자유로운 의지와 관계없이 피조물이라는 주어가 술어로 설명될 때 가능한가, 불가능한가의 문제다. 라이프니츠는 비록 우연적인 진리와 필연적인 진리로 보아야 한다고 주장하지만, 우연적인 진리가 존재하는 것은 어쩔 수 없다는 것도 함께 주장하고 있다.

라이프니츠는 실체의 본질과 실체적 형상을 설명한 다음 실체의 의존성, 능동성, 그리고 수동성에 대한 설명을 계속한다. 신에 의해서 창조된 실체는 스스로 유지하고, 신에 의존해 있다는 것은 분명하다. 신은 자신의 영광을 나타내기 위해서 전지전능한 능력을 발휘하여 세계의 모든 것을 관찰한다. 그리고 모든 것을 관찰한 다음 신은 자기 생각에 따라 우주를 창조한다. 이렇게 신은 모든 실체를 창조하였기 때문에 신이 창조한 것은 모두 참되고 피조물인 사람의 지각도 신의 그것처럼 참되다.

문제는 사람의 판단이다. 우리의 판단은 우리에게서 나오지만 우리를 속인다. 우리의 모든 현상, 즉 언젠가는 우리에게 필연적으로 일어나게 되어 있는 모든 일은 우리의 존재에서 나오는 것이다. 그리고 이 현상은 (우리의 본성에 맞는) 우리의 내부 세계에 적합한 질서를 갖고 있다. 이 질서에 따라 우리는 미래에 나타날 현상의 결과에 정당성이 증명될 것 같은 관찰을 한다. 그래서 우리는 과거를 바탕으로 미래를 분명하게 판단할 수 있기 때문에 현상이 우리 밖에 있는지 안에 있는지, 다른 사람도 이런 현상을 인정하는지, 안 하는지 등에 대해 걱정할 필요도 없이 분명히 참임을 잘 안다.

이런 관점에서 라이프니츠는 다음과 같은 경우가 분명히 참이라고 주장한다. 모든 실체의 표상은 서로 대응관계에 있어서 사람들은 자신이 지켜 온 일정한 법칙이나 이유에 따라 행위한다면 다른 사람과 같은 행위를 한다. 즉 여러 사람이 어떤 날 어떤 장소에서 만나기로 약속했다고 하자. 약속을 한 사람 모두가 그 약속을 지키려는 법칙과 이유가 있다면, 한 사람도 빠지지 않고 약속한 날 그 장소로 나올 것이다.

반대로 모든 사람이 같은 현상을 나타낸다고 해도, 이 현상이 완전히 같은 것은 아니다. 예를 들어 여러 사람이 영화를 본다고 가정하자. 이 사람들은 같은 영화를 본다고 생각하겠지만, 사람마다 생각하는 것과 보는 것이 다를 수 있으며, 느끼는 것에 따라 아주 다른 시각차를 보일 수도 있다. 하지만 신은 다르다. 모든 개체는 끊임없이 신에게서 나오고, 우리가 우주와 세계를 보는 것과 같이 볼 뿐만 아니라 전혀 다른 방식으로도 보기 때문이다. 라이프니츠는 이것을 신과 각각의 실체의 관계라고 보았다.

라이프니츠는 이 관계를 신과 나라는 실체로 설명하고 있다. 나의 모든 미래의 생각과 지각은 우연이지만 모든 과거의 생각과 지각의 결과다. 그렇기 때문에 이 시간 나에게 일어나거나 나타나는 모든 것을 분명하게만 생각한다면, 앞으로 나에게 일어나거나 나타나는 모든 것을 인식할 수 있을 것이다. 이렇게 나에게 일어나지 않은 일은 없을 것이다. 라이프니츠는 극단적으로 모든 것이 다 신과 나만 이 세계에 존재하고 모든 것이 파괴된다고 하여도 나에게 일어날 일은 틀림없이 일어난다고 주장하고 있다.

그런데 우리는 일정한 방법에 따라 안 것을 다른 사물에서 그 이유를 찾고는 우리에게 작용한 원인이라고 주장하기 때문에 우리가 판단한 것이 어느 정도 진리를 가졌는지 아무도 모른다. 바로 우리의 판단이 문제인 것이다. 이렇게 실체는 철저하게 의존적이며, 수동성과 능동성을 동시에 갖고 있다.

실체의 문제를 논의하면서 라이프니츠는 마지막으로 기적에 관해서 설명한다. 모든 실체는 일반적이고 보편적인 법칙에 따라 나타나고 사라진다고 했다. 그렇다면 기적이나 초자연적인 것은 어떨까? 결론적으로 말하면 실체의 모든 것은 본성에서 나오는 결과이기 때문에 초자연적이든 기적이든 무엇 하나 법칙에서 벗어나는 것은 없다고 보았다. 개개의 실체는 큰 세계를 구성하는 하나의 작은 세계이기 때문에 기적이든 초자연적이든 결국 큰 세계의 작은 세계, 즉 실체에 불과한 것이다. 그러므로 기적도 결국 하나의 일반적인 법칙에 따를 수밖에 없다. 즉 신이 표현하는 모든 것을 우리는 본성으로 이해하기 때문에 우리에게는 초자연적이고 기적일지 모르지만, 신에게 있어서는 단지 하나의 일반적인 사건 내지 개개의 사건에 불과한 것이다.

그렇다면 왜 피조물인 우리는 기적을 다른 관점에서 보려고 할까? 피조물들은 일반적이고 보편적인 법칙에 따라 모든 실체가 질서에 맞게 존재한다고 생각한다. 아무리 피조물의 정신이 발달하여도 신의 정신을 따라갈 수는 없을 것이다. 그러므로 피조물은 자신들의 일반적인 규칙에만 의존하여 신의 성질을 이해하거나 예견할 수 없는 경우가 많다. 여기서 라이프니츠는 피조물 안에는 제한된 본성만이 있다고 말한다. 그리고 이 제한된 본성이 피조물의 능력이다. 하지만 모든 실체의 본성을 초월해 있는 것도 있다. 이것을 라이프니츠는 초자연적이라고 하였다. 실체로서 피조물은 자신 안의 모든 것을 인식하지 못한다. 이것을 라이프니츠는 본질이라고 보았다. 이 본질에는 피조물이 인식한 것만이 본성이다. 이 본질에는 본성과 초자연적인 것이 모두 포함되어 있다.

3
역학 혹은 물리학의 원리에 대하여

라이프니츠는 1695년 두 편의 저서를 발표한다. 하나는 수학과 물리학에 관한 것인데 일반적으로 『역학 논고*Sepecimen dynamicum pro admirandis naturae Legbus circa corporum vires et mutuas actiones detegendis et ad suas causas revocondis*』로 불리는 저서다. 제목에서 보여주듯이 이 저서에서 자연의 세 가지 문제를 다루고 있다. 즉 자연 혹은 힘의 법칙과 물체 간의 상호작용에 대한 법칙을 발견하고자 했으며, 그 원인의 규명이라는 세 가지이다.

두 번째 저서는 형이상학에 관한 것으로 일반적으로 『신체계 *Système nouveau de la nature et de la communication des substances, aussi bien que de l'union qu'il y a entre l'âme et le corps*』로 불린다. 전체 제목은 『실체의 본성과 소통, 더불어 정신과 육체 사이에 존재하는 결합에 대한 신체계』로 조금 길다. 이 책에서는 심신에 관한 문제를 주제로 실체 간의 상호관계와 정신과 신체 사이의 예정조화에 관한 내용을 다루고 있다.

라이프니츠는 수학과 물리학에 관한 저서인 『역학 논고』를 저술하기 전에 『형이상학론』에서 역학과 물리학에 관한 원리를 논하였는데 하위 원칙으로 자연법칙에 관한 예를 중심으로 설명하고 있다. 근대 철학자들은 신은 세계 내에서 항상 같은 운동량을 유지한다고 믿었고, 라이프니츠도 같은 생각을 하고 있었다. 라이프니츠는 데카르트를 비롯한 근대 철학자들이 그렇게 믿은 이유가 운동에너지와 운동량을 구별하지 못한 것에 있다고 보았다. 그래서 이 둘을 구별함으로 그들과 다른 생각을 갖게 되었다.

하지만 우주 안에는 항상 같은 크기의 힘이 유지되고 있다는 생각에는 라이프니츠도 동의한다. 자연현상에서는 어떤 기계적 운동도 영구적이지 않기 때문이다. 만약에 기계적 운동이 영구적이라면 마찰작용으로 조금씩 감소하거나 소멸하는 기계는 어떤 방법이든 소멸한 것을 스스로 채우거나 증가할 수 있게 해야 하기 때문이다. 그러나 모든 물체의 힘은 다른 물체나 자신의 고유운동으로 접촉하는 동안 늘 감소한다는 사실을 우리는 잘 알고 있다. 이런 점에서 라이프니츠는 힘이라 부를 수 있는 모든 것을 운동량이라고 해야 한다고 주장한다.

이렇게 라이프니츠가 힘과 운동량을 구별한 이유는 무엇보다 형이상학적인 문제를 해결하기 위해 꼭 필요하기 때문이다. 그는 운동량과 힘을 구별하는 이유를 참된 자연법칙과 운동의 규칙을 발견하기 위한 것이라고 주장한다. 그래서 몇몇 학자들이 물리학과 기계학에 잘못 적용한 내용을 바로잡고, 그 원리로 사용된 형이상학을 바로 이해하는 데도 이 운동량과 힘의 구별이 꼭 필요하다고 보았다.

운동을 물체의 장소 변화에만 적용한다면 운동의 본질은 파악할 수 없을 뿐 아니라 어느 물체가 운동했는지 또 어떤 물체가 정지하고 있었는지 우리는 알 수가 없다. 운동이란 물체에 가해지는 힘이기 때문에 이를 통해 어떤 물체가 운동하는지 결정할 수 있다. 이때 힘의 크기, 형태와 운동은 다를 수밖에 없다. 바로 이런 관점에서 라이프니츠는 근대 철학자가 주장하는 물체의 개념에 연장과 변형 외에 운동과 힘을 추가해야 한다는 이유를 찾고 있다. 그뿐만 아니라 물체에 본질과 형상을 추가시킴으로 자연현상을 수학이나 기계론적으로 설명하려고도 한다. 이렇게 하여 물체의 개념은 자연, 기계학의 일반적 원리, 그리고 기하학적인 것까지 포함됨으로 형이상학적으로 이해되고 물체적이거나 연장적인 것보다는 현상에 근거하여 설명하고 있음을 알 수 있다. 결국 라이프니츠의 물체 개념은 형상 내지 결코 나누어질 수 없는 본질이 되고 만다.

중세에서부터 데카르트에 이르기까지 '신존재증명'에 대한 다른 생각들이 많다. 라이프니츠는 이들 중에서 목적인으로서의 신에 대해 문제를 삼는다. 왜냐하면 근대 철학자 중에는 목적인을 물리학으로부터 분리하려는 철학자도 있었기 때문이다. 이들은 신이 행동할 때 어떤 목적과 선을 설정하지 않는 듯이 주장하기도 하고, 선이 신의 의지의 대상이 아닌 것처럼 목적인을 제거하려 한다. 바로 이 점에서 라이프니츠는 이런 근대 철학자들의 생각이 위험하다고 보았다.

이들과 다르게 라이프니츠는 신은 항상 최선의 것과 가장 완전한 것을 목적으로 삼기 때문에 오히려 그 목적인에서 모든 존재와 자연법칙의 원리를 찾아야 한다고 생각했다. 많은 사상가는 신의 목적과 결정을 규정하려고 한다. 하지만 이런 일이 오히려 우리를 기만하거나 신을 불신하는 일로 이어진다. 라이프니츠는 그 이유를 사람들이 신의 뜻을 모르고 오히려 신의 목적과 결정을 사람의 특정한 목적에 국한하기 때문이라고 보았다. 사람들은 신이 세계를 창조한 것이 사람을 위해서였다고 생각할지 모르지만 신은 단지 사람만을 위해 세계를 창조한 것이 결코 아니다. 인간에게 세계창조는 중요한 목적일 수 있지만, 신에게 있어서 세계창조는 유일한 목적이 아니라고 보았다.

사실 사람들이 좋은 것, 혹은 완전에 가까운 것을 자연에서 발견할 때, 신의 뜻 혹은 신의 목적 등과 같은 것과 연관시키는 경우가 많다. 라이프니츠는 자연에서 일어나는 어떤 것도 우연한 것은 없다고 보았다. 이때 이 우연성은 어떤 사람이 우연히 선한 일을 하는 것과는 다르다. 그래서 자연에서 찾는 우연성으로 사람들은 오류에 빠지지 않는다. 그러므로 사람들은 이를 통해 전지전능한 존재에 대해서 아무리 높은 생각을 해도 결코 지나치지 않으며 긍정적인 입장에서 주장하여야 한다.

그래서 라이프니츠는 생명체의 놀라운 구조를 인식하는 사람들은 창조자의 지혜를 인정해야 하며, 철학에 대해서 경건하고 진정한 호의를 가진 사람들에게 창조자에 대해 부정적인 생각을 가진 사람들을 멀리하도록 경고하고 있다. 그렇다고 우리가 자연의 지성적인 창조자를 인정하기는 쉽지 않다. 우리는 논증을 위해 결과에 대한 원인을 설명해야 하는데, 결과라는 현상을 설명하기 위해 최고의 지성을 가진 사물의 지배자인 신을 원인으로 삼는다는 것은 마치 지혜를 사용하는 대신에 물질의 성질을 설명하는 것과 같은 어리석은 짓이라고 라이프니츠는 보았기 때문이다. 위대한 군주나 장군이 뛰어난 지략과 지휘능력으로 어떤 지역을 점령한 이유를 설명하면서 대포의 화약에 점화가 잘 되었기 때문이라고 말하는 것과 같다고 예를 들어 덧붙이고 있다.

이렇게 라이프니츠는 물체의 기계론적 구조 안에서 신의 전지전능함을 인정했기 때문에 신의 지혜를 세계의 일반적인 구조와 자연법칙에서도 나타나야 한다고 보았다. 즉 기계학적인 법칙들이 형이상학에 대한 고려 없이 단지 물체 안에 연장만 있다거나 운동 안 위치의 변경만 있다는 등 기하학적인 것에만 의존한다면 현상들은 우리가 보거나 생각하는 것과는 전혀 다른 모습으로 존재하게 될 것이다.

라이프니츠는 자연을 기계론적으로 설명하는 사람이나 비물체적인 본성으로 보는 사람 모두 의학과 물리학에서 유용한 것을 발견할 수 있다고 믿었다. 그러므로 이 두 그룹의 사람들은 서로 비방하거나 부정적인 방법으로 상대를 욕해서는 안 된다. 신에 대한 목적인을 믿는 사람들은 해부학을 아름다움 그 자체로 설명하려고 하지만, 물리학자들은 오히려 액체의 운동이 아름다움을 만들어 낼 수 있다면서 그런 사람들을 경멸하거나 조소하는 경우가 라이프니츠가 살던 시절에는 많이 있었다. 반대로 물리학자들이 주피터가 벼락을 일으키는 것이 아리나 구름 속에 있는 어떤 물질이 벼락과 천둥의 원인이라고 설명하면 신의 목적인을 믿는 사람들은 오히려 그들을 무신론자로 간주하여 바보스럽거나 미신적인 사람으로 취급하기도 했다.

물리학자들은 수공업자들이 필요로 하는 기계를 목적에 맞게 만들어 내면 독창성과 숙련성을 인정하여 칭찬을 받는다고 말한다. 하지만 자연의 창조자인 신은 이런 수공업자보다 몇천 배는 더 독창적인 기계를 만들 수 있는 숙련된 예술가이다. 그러나 라이프니츠는 철학자들이 이런 것들을 설명하려고 하지 않는다고 보았다. 왜냐하면 철학자가 목적인을 통하면 이런 것들을 더 쉽게 설명할 수 있기 때문이다. 반면 물리학적인 방법으로 설명하려면 더 많은 시간과 노력이 필요하다. 그러므로 라이프니츠는 자연을 기계론적으로만 설명하려는 사람과 자연을 비물체적인 본성으로 설명하려는 사람들 모두를 만족시킬 방법을 목적인에서 찾은 것이다.

4
오성(관념)에 대하여

라이프니츠는 당시 사회가 자신을 무신론자로 분류하고 있으며, 대부분 철학자의 정신은 물질로 향해 있다고 주장한다. 이런 의혹을 씻기 위해서라도 인간 오성에 대한 연구가 더 진행되어야 한다고 보았다. 이런 관점에서 라이프니츠는 다른 철학자처럼 물체에서 본질이나 정신을 찾는 것이 아니라 비물체적인 것에서도 정신을 찾으려 했다. 특히 신이 정신에 어떻게 작용하고 영향을 미치는지에 대해 언급함으로써 기계론적인 철학에 찍힌 낙인을 벗겨 주고, 당시 철학자의 정신을 높여 물질적인 것에서 고상한 정신적인 생각으로 눈을 돌릴 방법을 찾고자 하였다. 이때 라이프니츠는 자연법칙을 전제로 하고 있다. 이를 위해 관념에 대한 설명과 어떻게 우리가 신안에 있는 모든 것을 바라볼 수 있는지와 어떻게 신이 우리의 빛인지에 대해 언급함으로써 이 문제를 해결하고자 하였다.

이를 위해 라이프니츠는 무엇보다 관념에 대한 문제를 바로잡고자 했다. 많은 사람이 관념에 대한 잘못된 생각을 하고 있기 때문에 이런 문제가 생긴다고 보았다. 일반적으로 우리가 사물에 대해서 생각할 때, 사물에 대한 올바른 관념을 갖고 있다고 생각하지만 라이프니츠는 그렇게 보지 않았다. 그 이유를 고대와 중세에서 논의된 '신존재증명'에서 찾았다. 이를 증명한 철학자들은 신에 대한 정확하고 확실한 관념을 갖고 있다고 판단했지만, 불완전한 신에 대한 관념 때문에 결국 그들의 '신존재증명'도 불완전하였던 것이다.

여기서 라이프니츠는 데카르트의 존재론적 '신존재증명'의 예를 들어 설명한다. 데카르트나 신은 완전한 존재에 대한 관념을 갖고 있다. 데카르트는 사람이란 관념이 없으면 생각할 수 없기 때문에 신에 대해 생각하고 있다고 믿었다. 그리고 그 관념은 완전성을 포함하고 존재란 완전성 중 하나기 때문에 신은 존재한다고 생각했다. 이런 생각에 대해 라이프니츠는 최고의 속도, 가장 큰 수와 같은 것을 예로 이를 부정하고 있다. 최고속도나 가장 큰 수와 같은 것은 불가능한 공상에 불과하며 결코 존재하는 것이 아니므로 이와 같은 추론이 정당하지 않다는 것이다.

라이프니츠는 신의 존재, 최고속도, 혹은 가장 큰 수와 같은 관념을 사물과의 관계에서 가능한지 아닌지에 따라 참된 관념과 거짓관념으로 나누어야 한다고 생각했다. 그리고 그것의 가능성이 클 때 우리는 그 사물에 대한 관념을 갖게 되었다고 말할 수 있다. 이런 관점에서 신의 존재 가능성이 있다면 신이 필연적으로 존재한다는 것을 증명할 수 있을 것이다. 하지만 신이 실제로 존재하기 위한 가능성이나 본질만을 필요로 하는 것은 신만의 특권이라고 생각했고, 이것을 그 자신에 의해서 '스스로 존재하는 것Ens a se'이라고 표현했다.

이를 위해 『인식, 진리, 그리고 관념에 관한 성찰』에서 논의한 인식과 정의에 대해서 다시 한 번 더 강조한다. 관념은 개념이 있기에 가능하다. 만약 개념이 존재하지 않는다면 관념도 불가능하다. 그리고 라이프니츠는 관념에 따라 사물의 인식이 가능하므로 인식이 가정적이라면 우리가 관념을 갖고 있다고 할지라도 사유는 불가능하다고 보았다. 이런 경우 개념은 드러나지도 않고 불가능한 것으로 보이는 개념이 인식되는 방법과 같은 방식으로 인식되기 때문이다. 그 반대일 경우 우리는 이런 방법으로 인식하지 않는다. 여기서 다시 천각형의 예를 든다. 천이라는 수를 우리가 생각할 때, 천은 백의 열 배라거나 십의 백배라는 것을 말하지 않고도 바로 관념을 가질 수 있다. 우리는 천에 대해서 알고 있다고 가정하거나 천을 이해하기 위해 더 많은 시간을 투자할 필요가 없기 때문이다.

비록 그런 관념이 실제로 불가능할지라도 이렇게 사람들은 관념을 알고 있다고 가정하거나 믿음으로써 자주 속게 된다. 여기서 라이프니츠는 『인식, 진리, 그리고 관념에 관한 성찰』에서와 조금 다른 견해를 보이고 있다. 『인식, 진리, 그리고 관념에 관한 성찰』에서는 충분한 인식과 직관적 인식이 가장 좋은 것으로 생각하였다. 그러나 여기서는 개념에 대해 완전한 관념을 갖게 되는 경우가 우리들의 인식이 혼란된 개념에 있어서 명석한 경우라든가, 또는 판명한 개념에 있어서 직관적인 경우이든가 어느 하나의 경우에 불과하다고 주장하고 있다.

결과적으로 라이프니츠는 관념에 대한 정의를 분명히 하기 위해 무엇보다 개념의 다의성에 대해 주의를 당부한다. 그 이유는 간단하다. 일부 철학자들은 관념을 형상 또는 사유를 구별하는 것으로 생각하여 우리가 어떤 것을 생각할 때마다 우리의 정신 안에 관념을 가지게 된다고 믿었다. 비록 우리의 정신 안에 생기는 관념이 과거의 관념과 비슷한 것이라고 할지라도, 우리는 같은 사물에 대한 서로 다른 관념을 가진다고 생각하기 때문이다. 또 다른 철학자들은 관념을 사유의 직접적인 대상이라고 생각하기 때문에 우리가 생각하지 않을 때도 계속해서 존속하는 형상이라고 보았다. 더 중요한 것은 사람의 영혼은 본성이나 형상 혹은 본질에 대해 생각할 때 항상 그것들을 떠올리고자 하는 특성이 있다. 그리고 라이프니츠는 이런 영혼이 본성이나 형상 혹은 본질에 대해 떠올리는 영혼의 특성을 본래 의미의 사물의 관념이라고 생각했다. 그리고 이런 관념은 우리가 그 관념에 대해 생각을 하든 하지 않든 항상 우리 정신 혹은 영혼 속에 있는 것이다. 라이프니츠는 우리의 영혼은 신과 우주를 떠올림과 동시에 모든 본질 및 모든 현실 존재를 떠올리기 때문이라고 보았다.

라이프니츠는 자신의 이런 생각이야말로 당시 많이 논의되었던 여러 원리와 일치한다고 보았다. 무엇보다 자연적인 방법으로는 어떤 것도 우리의 정신 속으로 들어오지 못한다. 우리의 영혼이 대문이나 창문을 갖고 있어서 밖으로부터 어떤 성질이 들어오거나 받아들여지고 있다고 생각하는 것은 잘못된 습관과 마찬가지다. 우리는 정신 속에 이미 이런 형상을 갖고 있고, 어떤 경우에도 그런 형상은 존재하고 있다. 정신은 어떤 경우에도 정신이 미래에 생각하게 될 모든 생각을 표현하고 있으며, 분명 생각한 미래처럼 되지 아니할지라도 생각하고 있어야 그 상황에 이르면 정신은 판명하게 생각할 수 있기 때문이다. 라이프니츠는 무엇보다 중요한 것이 우리는 이미 생각의 재료인 관념을 가지고 있고, 이 관념이라는 재료를 바탕으로 생각을 형성하지 않으면 아무것도 얻을 수 없다는 생각이다.

라이프니츠는 이런 생각을 플라톤의 상기설과 비교한다. 소크라테스가 어린 소년에게 아무것도 가르치지 않고 단지 순서에 맞게 목적에 합당한 질문을 함으로 소년은 자신도 모르는 사이에 아주 어려운 기하학적인 진리를 상기한다는 것이 플라톤의 주장이다. 플라톤은 전생과 현생을 비교하기 위해 상기설을 설명하고 있지만, 라이프니츠는 전생과 후생의 문제를 빼면 이보다 더 완벽한 예는 없다고 생각했다. 라이프니츠는 우리의 정신이 지금 배우거나 생각하고 있는 것이 옛날에 이미 판명하게 알았거나 생각했었을 것이라는 플라톤의 주장을 인정하고 있다. 이렇게 우리의 영혼 혹은 정신은 이 모든 것을 인식하고 진리를 얻기 위해 다른 무엇보다도 주의력만을 필요로 한다는 사실이다. 즉 우리의 정신이나 영혼은 이 모든 것을 잠재적으로 알고 있으므로 진리를 인식하기 위해서는 주의력만 필요로 한다. 그리고 우리의 영혼은 최소한 이들 진리가 의존하는 관념을 지니고 있다. 이런 진리를 관념의 관계로 본다면 우리의 영혼은 이미 이들 진리를 갖고 있다고 말해도 상관없다는 것이다.

여기서 라이프니츠는 아리스토텔레스가 영혼이 아직 적을 공간이 많이 비어 있는 칠판과 같다고 주장한 것과 오성 안에는 감각에서 유래하지 않은 것은 아무것도 없다고 주장한 예를 든다. 코페르니쿠스가 지동설을 주장했지만 우리는 일반적으로 해가 뜨고 진다고 말함으로 일반적인 어법을 사용한다. 이와 마찬가지로 아리스토텔레스의 주장도 우리에게는 일반적으로 들린다. 이런 의미에서 우리는 감각의 도움으로 외부로부터 인식을 받아들인다고 할 수 있다. 문제는 형이상학적인 것이다. 라이프니츠는 형이상학적 진리의 정확성이 필요할 경우에는 같은 방법으로 받아들이지만, 일반적으로 생각하는 것보다 영혼의 범위를 더 넓히고 독립성을 인정하면 가능하다고 생각했다.

우리의 영혼은 일반적으로 생각되는 것보다 더 멀리까지

그 영향을 미치고 있다. 하지만 일상생활에서는 다른 것에 비해 명백히 구별되는 것이나 특별한 방법으로 우리에게 속하는 것만을 영혼의 작용이라고 말한다. 이때 다의어의 애매한 표현을 피할 수가 없다. 그래서 우리는 우리가 생각하든 하지 않든 우리의 영혼 속에 있는 내용을 관념이라 부르고, 우리가 파악하거나 형성하는 것은 개념이라 한다. 라이프니츠는 이렇게 우리가 관념을 어떻게 규정하든 개념이 외적 감각에서 온다고 주장하는 것은 잘못된 것이라고 보았다. 우리가 우리의 사상에 관해 가지고 있는 개념, 존재, 실체, 행위, 동일성 및 기타 많은 사물에 대해 가지는 개념들은 내적 경험으로부터 오기 때문이다.

그러므로 라이프니츠는 형이상학적으로 엄밀한 진리의 관점에서 신을 제외하고는 우리에게 영향을 미치는 어떠한 외적 근거도 존재하지 않는다고 주장한다. 그리고 우리가 끊임없이 신에 의존함으로써 신은 직접 자신의 관념을 우리에게 전달하는 것이다. 그렇기 때문에 우리의 영혼에 직접 접촉하여 우리의 지각을 직접 알려 수는 어떤 외직 대상도 존재하지 않는다. 그래서 우리가 가진 사물에 대한 관념은 신의 끊임없는 작용을 통한 결과이다. 자연의 모든 것은 인과론에 따르고 있는데 영혼의 본질은 신적인 본질이며, 생각과 의지와 같은 모든 관념에 대한 일종의 표현이고 모방이며 영상이기 때문이다. 그래서 신만이 우리 밖에 있는 우리의 유일한 직접적인 대상이며, 우리는 신을 통해서만 모든 것을 본다고 말할 수 있다.

여기서 라이프니츠는 이를 위해 태양과 별을 예로 들고 있다. 우리가 태양이나 별을 볼 때 신이 우리에게 태양과 별에 관한 관념을 부여하였고, 그 관념을 갖고 있으며, 우리들의 감각이 신이 정한 법칙에 따라 일정한 방식으로 배치되어 있으므로 통상적인 신과 인간의 협력에 따라 우리는 실질적으로 태양이나 별을 생각하게 되는 것이다. 그러므로 신은 이 세상에 존재하는 모든 사물을 비추는 영혼의 태양이며, 빛이라고 보았다.

물론 이런 신과 관념에 대한 생각이 라이프니츠시대에 시작된 것은 아니다. 오히려 라이프니츠는 이런 생각이 플라톤에서 시작되어 스콜라철학에서 신은 '영혼의 빛'이나 '이성적 영혼의 능동적 지성'이라는 말로 표현되었다고 주장한다. 그뿐만 아니라 중세의 신비주의 신학자들은 신에게 어울릴 수 있게 영혼을 높여 '신의 선'을 인식하는 것으로 파악했다.

하지만 라이프니츠는 관념이 신 안에 존재하는 것이지 우리 안에 존재하지 않는 것이라고 주장하는 당시 철학자들의 의견에는 동의하지 않았다. 우리의 영혼은 신을 표출하고 신과 더불어 모든 가능한 것이나 현실적인 존재를 표출한다는 영혼의 독립성이 아직 충분히 보장되지 않았기 때문에 생기는 오해라고 보았다. 그러므로 우리는 타인의 관념에 의거하여, 즉 신의 관념에 따라 무엇을 생각한다거나 지식을 얻는다는 것에 대해서는 엄두도 못 내는 것이다.

영혼이 어떤 것을 생각하는 경우, 영혼은 실질적으로 일정한 방식으로 영향을 받지 않을 수 없다. 그뿐만 아니라 영혼 속에는 이런 영향을 받을 것이라는 수동적인 능력이 이미 갖추어져 있다. 영혼의 본성 속에는 이런 생각이 앞으로 나타날 징후까지도 능동적인 가능성으로 존재하고 있다. 무엇보다 중요한 것은 이 모든 것은 이미 이러한 생각 속에서 파악된 관념을 포함하고 있다는 것이다. 그러므로 라이프니츠는 우리가 직접 우리 자신의 관념을 통하여 사유하지, 결코 신의 관념을 통해 사유하는 것이 아니라고 주장한다.

5
의지에 대하여

라이프니츠에 따르면 신은 우리의 영혼에 영향을 미치고, 신만이 우리 영혼의 외부에 존재하는 우리 지각의 직접적인 대상이다. 하지만 우리는 직접 우리 자신의 관념을 통하여 생각하지 신의 관념을 통해 사유하는 것은 결코 아니다. 그 이유가 무엇일까? 그 이유를 라이프니츠는 인간의 의지에서 찾고 있다. 신은 단지 우리의 영혼에 영향을 줄 뿐이다. 그래서 우리는 신에게 불평할 권리조차도 없는 것이다. 이런 상황 속에서 신의 작용에 대한 인간의 의지를 논한다는 것은 결코 쉽지 않다고 보았다.

신은 나름대로 정해 놓은 법칙이 있다. 우리 인간의 행동이나 행위는 이렇게 신에 의해 정해진 법칙에 협력해 주는 것에 불과하다. 즉 신은 우리가 생각하는 개체적 실체의 개념이 질서 속에서 끊임없이 나타나고 보존될 수 있게 창조하고 유지하고 있는 것이다. 그뿐만 아니라 신은 자신의 의지가 항상 선으로 보이도록 표현하고 표출한다. 그리고 이러한 신의 의지는 진실된 것이다. 그러므로 신은 자신의 의지가 최선이라 생각되게 하려고 우리에게 신의 의지를 선택하게 유도한다.

이때 신은 결코 자신의 의지를 우리가 택하게 강요하지는 않는다. 바로 이 부분이 인간의 의지 또는 자유가 가능하다는 라이프니츠의 전제이다. 자유 또는 의지를 논의할 때, 우리가 전제해야 하는 것은 선택의 문제이다. 신은 자신의 의지가 최선이기에 우리에게 강요할 수 있다. 하지만 라이프니츠는 신이 결코 우리에게 자신의 의지를 선택하라고 강요하지 않는다고 보았다. 선택이란 우리에게 두 가지 이상이 주어져 있을 때 생기는 현상이다. 주어진 것이 동등한 경우 선택에는 고민도 무리도 따르지 않는다. 그러나 주어진 것이 동일하지 않으면 우리가 좋아하거나 우리에게 유리한 것을 택하는 것은 당연하다. 그리고 절대적으로 같은 것이 주어지는 경우는 흔하지 않다. 여기서 우리는 라이프니츠의 고민을 이해할 수 있다.

선언지가 둘일 경우 어떤 것을 선택하여도 결과가 같다면 인간은 대부분 중립을 유지하려고 할 것이다. 그러나 인간은 끊임없이 반성하고 숙고하며 굳은 의지를 갖고 행동으로 옮기거나 판단을 내린다. 이 모든 것은 영혼이 결정할 문제이긴 하다. 하지만 이런 경우 영혼은 대부분 자신의 능력을 사용하지 않으려 한다는 것이 라이프니츠의 생각이다. 왜냐하면 영혼은 불의에 대해 미리 조심하거나 미래에 생길 불행을 미연에 방지하고 싶어 하기 때문이다. 이때 우리는 자신 외에 어떤 누구도 책임을 지지 않는다는 명백한 사실을 잊어서는 안 된다. 그렇지만 이런 경우 어떤 선택도 하지 않는 영혼이 있다는 것이 영원한 진리다.

그렇다면 이때 생길 수 있는 불행이나 불의는 누가 책임을 져야 할까? 라이프니츠는 대부분의 사람은 영혼이 신의 의지를 선택하지 않은 이유를 신에게서 찾는다고 보았다. 즉 영혼이 죄를 짓는 것을 신이 막지 않았다는 것이다. 그러나 신은 영혼이 죄를 짓는 것을 예견할 수 없다고 보았다. 그러므로 신은 영혼이 실질적으로 죄를 짓는 경우에만 알 수 있고, 신은 영혼이 죄를 짓지 않기만을 바라고 있다고 생각했다. 아무리

신이라고 해도 영혼이 결정하는 것에 대해 이것보나 더 좋은 조건을 만들지는 못한다는 것이다. 그래서 재판관도 죄인의 나쁜 의지를 알아내려 하지 않고, 죄인의 의지가 어느 정도 나쁜지만 알려고 할 뿐이라는 것이다.

우리의 영혼이 잘못된 선택으로 언제 죄를 저지를 것인가, 아니면 어떤 죄도 짓지 않을 것인가? 우리는 이런 의문을 종종 제시한다. 라이프니츠는 이런 질문이 생길 때마다 그 답을 자신 스스로에게 물어보라고 말한다. 우리의 대부분은 단연코 '아니다'라고 대답할 것이다. 이때 우리는 의지에 따라 죄를 짓지 않는 것이 의무라 생각하고, 행동하면 된다는 것이 라이프니츠의 조언이며 충고이다.

반대로 라이프니츠는 우리 중 누군가는 반드시 죄를 지을 사람이 있을지도 모른다고 말한다. 만약 그 사람이 죄를 짓지 않으면 그 사람은 그 사람이 될 수 없다. 즉 라이프니츠의 예에 따르면 장래에 유다가 될 사람이 분명히 있으며, 신이 그 사람에 대해 가진 개념이나 관념에는 그 사람이 미래에 행할 자유로운 행동이 이미 포함되어 있다는 것이다. 그렇다면 왜 유다는 신의 관념에서 가능성에 불과한 것인데 현실적으로 존재하게 되었는가 하는것이 의문이다. 여기서 라이프니츠는 이 질문에 대한 정해진 대답은 없지만, 일반적으로 다음과 같이 말할 수 있다고 한다. 즉 신은 유다의 죄뿐 아니라 우리가 저지르는 죄를 예견하고 있음에도 유다와 같은 사람이 존재하는 것 자체를 선으로 인정하기 때문이다.

이런 관점에서 본다면 악은 우리가 사는 삶 속에 이미 있는 것이며, 신은 이런 악으로부터 더 큰 선을 이끌어 내기 위한 계획이 있을 것이다. 그리고 이런 계획은 모든 다른 것과 연결되어 세계의 모든 계열이 완전하게 완성되어 있을 것이다. 이런 상황에서 우리가 신의 계열이나 뜻을 이해한다는 것은 불가능하다. 하지만 우리는 이 모든 신의 계획이나 뜻을 이해하지 못할지라도 알 수는 있다는 것이다.

우리가 비록 신적인 지혜의 깊이나 넓이를 알지 못하고 인정하지 못한다고 해도 한 가지 분명한 것은 악은 결코 신의 원인이 아니라는 것이다. 왜냐하면 라이프니츠는 아담과 이브가 에덴동산에서 처음 성관계를 맺으면서 인간들은 원죄의 악령에 우리의 영혼이 사로잡혀 있다고 보았다. 그뿐만 아니라 피조물들은 자연으로부터 창조되면서 타락할 수밖에 없는 조건이 갖추어져 있었고, 근원적으로 불완전성이 존재하고 있었기 때문이다.

여기서 라이프니츠는 신의 은총이 필요하다고 보았다. 신의 은총이 일반적이든 특별하든 혹은 정도의 차이나 척도가 있든 없든 그 자체로 특정한 결과를 이끌어내기에 충분한 효과를 갖고 있다. 특히 우리 인간이 스스로 할 수 있는 것과 은총이 함께 모든 것에 협력한다면 우리는 죄로부터 보호받을 수 있을 뿐 아니라 구원까지도 받을 수 있기 때문이다. 하지만 신의 은총이 인간이 하고 싶은 것을 막을 정도로 항상 충분하지는 않다. 인간은 은총만 믿고 어떤 노력도 하지 않을 것이고, 그뿐만 아니라 인간은 은총이 항상 모든 것을 제압하고 이길 수 있다는 소극적인 자세로 은총을 대할 것이기 때문이다.

이런 신의 은총은 신이 베푸는 것인가 아니면 우리 피조물이 요구하는 것일까? 라이프니츠는 피조물이 꿈에서라도 신의 은총을 요구해서는 안 된다고 보았다. 그렇다면 신이 우리에게 은총을 베푸는 것으로 보아야 할 것이다. 신은 인간이 미래에 저지를 행위를 미리 예견하여 특별한 사람을 선택하여 은총을 베푼다거나 베풀지 않는다는 것도 충분한 이유가 되지 않는다. 그렇다고 어떤 이성적인 동기도 없는 절대적인 결정이 존재한다는 것도 우리는 생각할 수 없다. 여기서 라이프니츠는 신이 인간의 행위에 대해 예견하고 은총을 베푸는 사람은 믿음과 사랑을 갖고 그런 행위를 할 사람을 선택한다고 주장한다.

라이프니츠의 생각이 그렇다고 하더라도 신은 왜 특정한 사람에게 사랑과 믿음을 더 많이 부여하는가? 그 이유는 피조물의 성향이나 성질에서 찾을 수 있다. 신은 피조물이 신의 은총이나 특별한 도움 없이 어떻게 행동하는지 혹은 은총을 멀리하면서 어떤 행동을 하는지 살펴본 다음, 자연적인 성향이나 성질이 가장 선하거나 최소한 덜 불완전하여 다른 피조물에 비해 덜 나쁜 피조물에게 은총을 부여할 것을 결정한다는 것이 라이프니츠의 주장이다. 이렇게 부여되는 은총이 특별하지 않을 수 있다. 하지만 최소한 은총의 결과라고는 말할 수 있을 것이다. 피조물들도 모든 피조물을 같은 방식이나 잣대로 사랑하지 않듯이 신도 특히 총애하는 피조물이 있을 수 있기 때문이다.

그럼 왜 신은 어떤 피조물을 특별히 총애할까? 피조물도 마찬가지지만 신도 자신의 은총이 피조물에게는 특별한 혜택이며 도움이라는 것을 잘 알고 있기 때문이다. 즉 신은 자신의 자비심으로 특별한 피조물에게 특별한 은총을 내려주는 것이다. 이런 것을 라이프니츠는 신이 정한 하나의 원칙이라고 보았다. 신은 자신의 관념이나 개념 중에 이렇게 가능한 존재를 설정하고 특별한 은총이나 도움을 줄 피조물과 그 피조물이 행할 행동까지도 모두 하나의 사건으로 생각하고 준비하는 것이다. 라이프니츠는 그 좋은 예가 바로 베드로와 요한이라고 보았다. 그렇게 많은 피조물 중에서 베드로와 요한을 실질적인 존재로 정한 이유는 신의 마음에 들었다고 보는 것이 확실한 증거이며 가장 정확한 표현일 것이다.

이렇게 신은 자신의 의지와 자유에 따라 행동한다. 그리고 신은 이런 관념을 인간의 영혼 속에 넣어 주었다. 그렇다면 결국 인간의 의지나 자유는 인간의 행위에 따라 보장된다는 결론에 이른다. 이런 관점에서 본다면 인간의 의지나 자유에 대한 어려운 문제는 사라진 것으로 보인다. 하지만 문제는 여전히 남아 있다. 즉 왜 그렇게 많은 가능한 피조물 중에서 베드로와 요한을 택했는가 하는 의문이다. 사실 이것에 대한 인식은 피조물의 상식을 넘어선 문제다. 따라서 이유가 존재하지 않으며 합리적이고 이성적인 인간의 사고로는 답을 찾을 수가 없다. 이때 라이프니츠는 우리가 어떤 근거나 논리를 찾을 것이 아니라 성 바울의 답으로 이 문제를 해결해야 한다고 주장한다. 즉 성 바울은 유한한 인간이 신의 의지나 자유에 대해 알 수 없다고 말한다. 그리고 신에게는 신만의 목적이나 완전성과 같은 나름의 이유가 있지만, 그 이유는 인간에게 알려지지 않았으며 단지 인간이 우주 최고의 완성이라는 일반적 질서에 목적이 있을 것이라는 확실하지 않는 근거만 있을 뿐이다. 그리고 신도 자신의 완성과 목적을 지키기 위해 선택한다고 우리는 그냥 믿고 있을 뿐이다. 그래서 우리 인간이 말하는 신의 정의, 자비, 혹은 신의 나타남과 같은 신에 대한 일반적인 동기는 모두 이를 뒷받침해 주는 하나의 사건에 불과한 것이다.

6
신앙과 종교에 대하여

라이프니츠는 신에 대한 완전성이라는 대원칙, 실체의 개념, 혹은 신의 의지와 자유와 같은 것이 종교가 사람에게 해로운 것이 아니라 오히려 유익한 것으로 생각하게 했으며, 종교를 튼튼하고도 대단한 것으로 만들었다고 주장한다. 그뿐만 아니라 인간의 영혼을 신에 대한 사랑으로 불타게 했으며 인간의 정신이 실체를 물질이 아닌 것으로 인식하게 하는 데 큰 공을 세웠다고 보았다.

라이프니츠는 실체가 신에게서 나온다고 보았다. 그러나 우리가 모든 다른 실체는 인간의 실체에서 나온다고 생각하는 것도 신에게 의존해 있고 신은 모든 것의 전부라는 것 때문에 가능한 것이다. 신은 완전성의 정도에 따라 다르긴 하지만 모든 피조물과 내적으로 결합해 있고, 자신의 영향을 통하여 피조물을 규정할 수 있다는 것도 우리는 잘 알고 있다. 우리가 행동하고 행위하는 것이 신의 직접적인 규정이라고 한다면 신만이 우리에게 어떤 영향을 미칠 수 있다. 그뿐만 아니라 신은 자신의 선을 모든 피조물에게 골고루 나누어 주고 서로 조화를 이루게 강요하기도 한다. 그러므로 신은 우리에게 좋은 것과 나쁜 것을 행할 수 있다.

더욱이 라이프니츠는 신만이 실체들의 연합을 가능하게 한다고 보았다. 그렇게 함으로써 한 실체의 현상이 다른 실체의 현상과 일치하고 조화를 이룰 수 있다. 이런 이유로 우리의 지각 안에 실질적인 것이 존재하게 되는 것이다. 그리고 실체는 완전히 자발적이기 때문에 실체에 일어나는 모든 것은 실체의 관념 혹은 본질의 결과일 뿐, 신 이외에는 어떤 것도 그들을 규정할 수 없다.

그래서 스페인의 신비주의 사상가이며 가르멜 수녀회의 수녀였던 성녀 테레사는 영혼이 가끔 이 세상에 신과 자신만 존재한다고 생각하지 않으면 안 된다고 주장했다. 이렇게 우리의 영혼은 혼자 자신의 세계를 구축하고 신과 함께 스스로 만족한다. 그러므로 영혼의 독립성과 포괄성보다 영혼의 불멸성을 더 잘 이해하도록 설명해 주는 것은 아무것도 없다. 바로 이 영혼의 독립성과 포괄성 때문에 영혼은 모든 사물에 대해 절대적으로 안전한 위치에 있으면서 이 세상 전체를 만들며 신과 함께 있다고 라이프니츠는 보았다. 신에 의해 만들어진 세계가 소멸하거나 파괴되지 않듯이, 영혼이 소멸하거나 파멸되는 것도 불가능하다. 그뿐만 아니라 우리의 육체가 소멸한다고 해서 영혼에게 어떤 영향을 줄 수 없듯이, 육체의 소멸이나 파괴가 분할 불가능한 영혼에게 영향을 주거나 소멸시키는 것도 불가능하다.

바로 여기서 소멸하는 육체와 파괴나 분할되지 않는 영혼의 결합문제가 등장한다. 일반적으로는 영혼과 육체가 결합한다고 한다. 그런데 어느 쪽이 수동적이며 어느 쪽이 능동적일까? 이는 곧 한쪽이 다른 쪽에 영향을 미친다는 것을 의미한다. 그러나 어느 쪽이 어느 쪽에 영향을 미치는지에 대한 어떤 방법도 존재하지 않으며, 구체적인 사례를 끌어들여 증명한다 해도 결코 이성적이거나 합리적이라고 할 수 없다. 한 가지 분명한 것은 영혼뿐 아니라 모든 실체에 일어나는 것은 그들의 개념에서 생겨난다는 것이다.

이때 영혼에 나타나는 모든 현상이나 표상은 그 자신의 본성에서 자발적으로 생겨난다. 그리고 이 영혼에 나타나는 모든 현상이나 표상은 우주 전체에서 일어나는 일에 스스로 대응하는데, 이때 영혼이 육체가 대응하는 것보다 더 완전하고 고유한 본성을 갖는다는 것은 분명하다. 이어 라이프니츠는 영혼과 육체의 결합은 설명이 불가능하거나 지적으로 여겨진다며 그 이유를 모호한 지각 때문이라고 보았다. 감각의 지각은 아무리 명석하여도 필연적으로 모호한 감각을 포함하고 있다는 것을 우리는 알고 있다.

우주 내에 있는 모든 물체는 서로 조화를 이루고 있다. 이때 우리의 육체는 다른 물체들로부터 인상을 받는다. 우리 감각이 이 모든 인상에 관계한다고 해도 우리 영혼이 하나하나 개별적으로 주의를 기울이는 것은 불가능하기 때문에 감각의 지각은 모호한 감각을 포함할 수밖에 없다. 그뿐만 아니라 우리의 모호한 감각은 무한할 정도로 다양한 지각과도 무관하지만은 않다. 라이프니츠는 이를 설명하기 위해서 『단자론』에서 파도소리를 예로 들고 있다. 우리가 해변에 가까이 가면 갈수록 파도의 방향이 여러 곳으로 퍼지기 때문에 파도소리는 일정하게 들리지 않고 혼란한 소음으로 들리는 것과 같다. 감각의 지각이 하나가 되어 인식되지 않고 우리의 영혼이 같은 것으로 인식한다면, 이때 영혼은 모호한 것을 지각하는 것이 된다.

라이프니츠는 사람처럼 영혼과 육체가 결합한 생명체를 하나의 실체라고 보았기 때문에 실체를 가진 인간은 실체적 형상을 가지고 있을 뿐 아니라 그 자체로 하나의 단일체이다. 그리고 동물들도 영혼을 갖고 있다면 역시 실체적 형상을 가지므로 사람과 마찬가지로 동물들의 영혼도 소멸하지 않는다고 주장한다. 어떤 실체도 다른 것으로 변할 수는 있지만 소멸하지 않는다고 보았기 때문이다. 그러나 동물의 영혼은 인간의 정신보다 불완전하기 때문에 전 우주를 표현할 수는 있지만, 자신이 무엇인지 혹은 자신이 무엇을 하고 있는지 인식하지 못한다. 동물들은 인식을 못 하기 때문에 반성이 없고, 반성이 없으므로 필연적이고 보편적인 진리를 얻지 못하는 것이 인간과의 차이라고 보았다.

동물의 자기반성 부족 내지 결핍은 도덕적, 윤리적 성질의 상실로 이어진다. 그 에로 애벌레가 나비로 변하는 여러 과정은 비록 여러 번의 영혼이나 실체가 변하는 것이지만, 우리는 죽는다고 표현한다. 그뿐만 아니라 물리학에서는 동물의 육체가 부패하는 것을 소멸한다고 말하기도 한다. 그러나 사람의 지적인 영혼은 다르다. 특히 사람은 '나'라는 실체가 있어 항상 같은 상태를 유지하고 있으며, 형이상학적으로도 다른 동물의 영혼보다 오랫동안 남아 있으며 도덕적으로도 같은 상태를 유지할 뿐 아니라 항상 같은 인격을 형성하고 있다.

이런 이유로 라이프니츠는 도덕과 종교에 있어서 우리가 원하는 영혼 불멸성이 모든 실체에 적용되는 영구적인 존속을 뜻하는 것은 아니라고 보았다. 사실 이것은 기억의 문제다. 어떤 영혼이 과거의 자신이 무엇이었는지 기억하지 못한다면 불멸성은 아무런 의미가 없기 때문이다. 어떤 사람의 평범한 신분이 소멸되고 한국의 왕으로 다시 태어난다고 가정해 보자. 이때 이 사람은 자신의 과거를 망각한다는 조건으로 새로운 사람으로 태어난다. 즉 평범한 사람이 소멸됨과 새로운 한국의 왕이 생겨남은 동시에 일어나는 사건이다. 이때 이 개인의 소망에 의해 '과거의 나'의 소멸과 '현재의 나'의 탄생이 동시에 이루어지는 것은 아니기 때문이다.

그러나 라이프니츠는 신이 우리의 실체뿐 아니라 기억과 지식까지도 보존해 주리라는 자연스러운 근거 때문에 도덕과 형이상학을 결합한다고 생각했다. 그리고 사람들은 신을 모든 실체와 존재의 원리와 원인으로 생각한다. 그뿐만 아니라 신은 모든 인격체와 모든 이성적인 실체의 우두머리로 생각한다. 즉 모든 정신으로 구성된 가장 완벽한 국가나 공동체의 절대적인 군주로 우리는 신을 생각하는 것이다. 그래서 신은 모든 존재 중에서 가장 우월하며 모든 정신 중에서는 가장 완전한 정신이다. 정신이야말로 가장 완전한 실체이며, 그 정신이 신을 가장 잘 표현하기 때문이라고 보았다.

무엇보다 신과 세계를 표현하는 것이 실체의 본질이며, 목적이고 능력일 뿐 아니라 기능이기 때문에 실체는 의식을 갖고 그 일을 수행한다. 그러므로 신이나 세계의 진리를 인식할 수 있는 인간이라는 실체는 진리를 인식할 수 없는 동물이나 지각이나 인식이 불가능한 존재에 비해 신, 세계, 그리고 우주를 훨씬 더 잘 표현할 수 있다는 것이 당연하다. 여기서 라이프니츠는 지성적이고 인식적인 실체와 그렇지 못한 실체의 차이는 기울과 거울을 바라보는 사람 사이에 존재하는 차이만큼이나 크다고 하였다.

사실 신의 정신은 가장 위대하고 지혜로운 것이다. 그래서 사람들은 신의 정신을 후원자라 생각하고 자신이 가진 모든 생각과 의지를 털어 놓는다. 그뿐만 아니라 인간들은 자신이 속해 있는 공동체보다 신의 정신이 더 가깝다고 생각한다. 그래서 현명한 사람들은 어떤 값진 사물보다도 사람을 더 중요하게 생각하는 것이다. 라이프니츠는 피조물의 인식이 신의 완벽하고도 완전한 결과물이긴 해도 피조물이 신에게 행복을 주거나 신의 원인이 되는 것은 전혀 아니라고 보았다. 그래서 사람이 신을 숭배해도 신은 어떤 만족을 얻을 수 없지만, 인간의 영혼이 누릴 수 있는 가장 큰 영광이나 만족은 다른 영혼으로부터 사랑을 받는 것이다.

유한한 정신을 가진 인간에게 신은 가장 이성적이고 선하며 최고로 완전한 존재다. 그리고 신이 소유하고 있는 피조물 중에서도 신은 인간이라는 피조물을 소유하고 보존하려 하기 때문에 우리가 신을 찬양하는 것은 당연하다. 라이프니츠는 이를 마치 가장 공정하고 총명한 군주를 찬양하고 받드는 것과 다르지 않다고 생각했다.

군주가 인간 공동체의 우두머리라면 신은 모든 정신으로 구성된 가장 완전하고 완벽한 공동체의 군주라고 할 수 있다.

그리고 이 왕국의 주인인 신의 가장 큰 목적은 신국의 행복일 것이다. 라이프니츠는 정신이야말로 완전성에 가까운 실체라고 보았다. 그 이유는 완전에 가까운 정신을 소유한 사람일수록 서로 도와주고 방해하지 않기 때문이라고 한다. 특히 가장 훌륭한 덕을 가진 사람일수록 서로 친구가 되려 하고 함께하길 바라기 때문이다.

그러므로 자신이 정신인 신의 특성상 신은 존재의 근원이라고 할 수밖에 없는 것이다. 신 아닌 다른 어떤 존재나 정신이 이런 신을 대신하여 존재의 근원이라고 할 수 있겠는가? 다른 정신들만이 자신이 정신인 신을 섬기고 의식적으로 신의 본성을 따라 행동할 수 있는 것이다. 그리고 이런 정신은 신의 정신에 따라 창조되었기 때문에 신의 자손이라고 할 수 있다. 이렇게 정신은 우주나 세계를 표현할 뿐 아니라 신과 같은 방법으로 그들을 관리하기 때문에 정신만이 전체 세계에 상응하는 가치를 가지고 있다는 것이 라이프니츠의 생각이다.

대부분의 실체는 우주나 세계를 표현하려고 한다. 하지만 정신은 세계보다는 신을 더 표현한다. 그리고 이 정신은 가능한 한 신의 정신이나 성질과 가까이하려 노력한다. 신은 이런 인간 정신의 노력 덕분에 다른 피조물보다 더 많은 찬양과 섬김을 받게 되는 것이다. 이때 다른 피조물들은 인간 정신이 드리는 신에 대한 감사와 찬양의 재료를 제공해줄 뿐이다. 이렇게 하여 신은 인간 정신의 주인 내지 군주로 인격화되고 의인화되어 마치 군주가 신하를 대하듯 우리 인간과 관계를 맺는 것이다. 이렇게 신은 인간과 공동체를 이룬 다음, 공동체의 구성원이 가능한 한 최고의 행복을 갖게 도덕적인 특성을 부여하였다. 라이프니츠는 그 이유를 신은 단지 사람의 행복을 바라는 것이지만, 인간을 제외한 다른 피조물에 있어서 인간의 행복이야말로 거의 완전성에 가까운 것이라고 보았기 때문이다.

신은 가장 먼저 자신이 창조한 물리적 세계가 가능한 한 최고의 완전성을 이룰 수 있게 도덕적인 특성을 부여하여 구성원들이 최고의 행복을 누릴 수 있게 하였다. 라이프니츠는 이때 신은 자신의 신국에 살고 있는 구성원 중에서 한 명도 잃어버리지 않도록 도덕적 특성을 보존하여 완전한 행복을 맛볼 수 있게 창조한 것이 분명하다고 보았다. 이렇게 함으로써 신과 공동체를 이룬 구성원들은 자신이 무엇인가를 분명하게 알게 되며, 완전한 신국 내지 왕국을 위해 어떠한 것도 가볍게 여기지 않는다. 이때 신이야말로 가장 선하고 정의로운 군주이며, 선의지 외에는 아무것도 원하지 않기 때문에 구성원들은 그보다 나은 어떤 상태나 상황도 바라지 않는 것이다. 그리고 스스로 완전한 행복에 이르기 위해서 구성원 모두는 신을 사랑하기만을 모두에게 서로 일깨워 주고 요구할 뿐이다.

이런 이유로 라이프니츠는 신이 모든 정신들로 구성된 가장 완벽한 공동체의 군주이며, 공동체 구성원의 행복이 바로 그의 가장 큰 목적이 되는 것이라고 보았다.

하지만 이렇게 중요한 진리를 이전 철학자들은 거의 알지 못했다. 라이프니츠는 예수 그리스도가 나타나면서 신에게 어울리도록 훌륭하게 표현되었다고 생각했다. 예수의 표현 방법은 매우 명석하고 쉬워 그렇게 훌륭하지 못한 정신을 가진 자들도 이 진리를 이해할 수 있을 정도였다.

그리스도의 복음은 인간 세계를 완전히 다르게 바꾸었으며, 신의 나라에 어울리는 정신적으로 완전한 국가가 있음을 가르쳐 주었다. 그뿐만 아니라 복음은 우리에게 신국의 율법도 함께 가르쳐 주었다. 신이 얼마만큼 인간을 사랑하는지, 신이 얼마만큼 우리 인간과 관련된 모든 것을 준비하고 있는지. 비록 신이 인간이 아닌 다른 동물에 관심을 두고 있다 할지라도 아주 소중한 이성적 피조물을 결코 소홀히 하는 일은 없다는 것도 보여주고 있다. 신은 우리의 머리카락을 모두 헤아리고 있으며, 신의 말씀과 구원의 섭리에 속하는 것은 결코 변하지 않는다는 것, 신은 아무리 하찮은 것이라 할지라도 이성을 가지고 있는 것을 우주와 같은 물질적인 것보다 더 중요하게 생각한다는 것, 신만이 영혼을 행복하게 하거나 불행하게 할 수 있지만 육체는 파괴되어도 결코 영혼은 소멸하지 않는다는 것. 라이프니츠는 이 모든 것이 신이 하는 일이기 때문에 인간은 결코 두려워하거나 걱정할 필요가 없다고 주장한다.

　이렇게 예수 그리스도 이후 신을 제외하고는 어떤 것도 인간의 삶에 영향을 미치지 않는다는 것이 보편화되었다. 그러므로 정의로운 사람은 우주의 파괴로부터 신의 손 안에서 보호받는다는 것이 분명한 사실로 인정되었다. 이렇게 함으로써 인간의 행동에도 약간의 제약이 주어지게 되었다. 즉 신은 인간의 어떤 행위도 간과하지 않고 지켜보고 있다는 것이다. 인간들은 함부로 말을 해서도 안 되며, (부정적인 의미에서) 물을 한 잔 마셔도, 신으로부터 감시받고 있다고 생각하게 되었다. 이런 부정적인 의미가 있는가 하면 긍정적인 면도 있다. 모든 것은 선한 사람들의 최고선을 위해 준비되어 있다는 것. 정의로운 사람은 태양처럼 된다는 것. 신은 자신을 사랑하는 사람들을 위해 이미 행복을 준비해 두었다. 하지만 우리 인간의 감각이나 정신은 그 달콤한 행복을 지금까지 맛보지 못했다. 하지만 인간은 예수와 그의 복음을 통해 이런 모든 것이 실현될 수 있다는 희망을 갖게 된 것이다.

라이프니츠는 이렇게 '예수 그리스도는 신이 인간을 위해 하늘나라에 준비해둔 놀라운 비밀을 인간에게 복음을 통해 보여주었고, 그것이 바로 도덕적 특성인 행복임을 알려 주었다'고 그의 신앙과 종교에 대한 얘기를 끝내며 주장하고 있다.

5

『신체계』에 나타난
실체사상

1695년 라이프니츠는 두 번째 저서인 일반적으로 『신체계』로 불리는 『실체의 본성과 소통, 더불어 정신과 육체 사이에 존재하는 결합에 대한 신체계』를 발간한다. 이 저서는 같은 해 먼저 발간된 『역학 논고』와는 내용 면에서 완전히 다른 저서다. 『역학 논고』가 수학과 물리학에 관한 내용을 담고 있는 반면 『신체계』는 형이상학에 관한 내용으로 주로 영혼과 육체의 상호관계나 결합에 관한 문제를 다루고 있다.

라이프니츠는 형이상학에 대해 두 권의 저서를 남겼다. 하나는 『형이상학론』이며 다른 하나는 『신체계』이다. 라이프니츠가 『형이상학론』을 저술한 것은 일반인을 위한 것이 아니라 프랑스의 수학자, 신학자, 철학자인 아르노Antoine Arnauld, 1612-1694에게 자신의 철학사상을 알리기 위해서라고 한다. 라이프니츠는 이런 내용을 『신체계』의 서두에서 말하고 있다. 『신체계』는 일반 대중에게 자신의 사상을 알리기 위해 저술한 것으로 알려져 있지만 특이한 것은 라틴어가 아닌 프랑스어로 발표했다는 것이다. 이때 아르노는 이미 죽고 없었기 때문에 그를 위해 발표한 것이 아니라 많은 사람이 읽어 주길 바란 것이 분명하다.

라이프니츠가 『형이상학론』을 아르노에게 보냈을 때, 아르노는 즐거운 마음으로 자신의 견해를 철회했다고 한다. 즉 두 사람이 일치하는 견해에 대해 아르노는 라이프니츠의 생각을 인정하였고, 일치하지 못한 부분에 대해서는 비난을 멈추었다는 것이다. 이후 라이프니츠는 일반 대중들에게 철저하게 검증된 견해만을 전달하기 위해 항상 노력했었고, 그것을 나름대로 정리했기 때문에 『신체계』를 출판한다고 주장하기도 했다.

하지만 라이프니츠는 『신체계』의 내용이 결코 일반적이지 않다는 것을 먼저 명시하고 있다. 그럼에도 출판하게 된 이유는 "중요한 몇몇 사람들이 자신의 견해를 알고 싶어 하기 때문에 약간의 무리를 감수하면서 출판을 결심하였다"라고 했다. 그리고 자신과 의견을 같이하는 사상가이든 달리하는 사상가이든 직접 만나 토론을 하거나 의견을 나누는 것보다는 책을 통한 교류가 편리하다고 판단했기 때문이다.

라이프니츠는 스스로 수학에 대한 강한 자부심과 수학 연구에 대한 열정을 강조하면서도 철학에 대한 문제도 항상 생각하고 있었음을 강조하고 있다. 철학의 문제도 수학처럼 확고하고 명확한 증명을 통해 그 이론이 확립되어야 한다고 보았기 때문이다. 라이프니츠가 수학보다 철학에 관심을 두게 된 이유는 근대 철학자들이 자연을 기계론적 방법으로 훌륭하게 설명하는 것에 매료되었기 때문이라고 한다. 바로 이 점에서 젊은 라이프니츠는 수학자와 근대 작가들과 교류를 잠시 멈추고 스콜라철학에 깊이 매료되었다.

라이프니츠는 스콜라철학에서 자연을 기계론적으로 이해하고 설명한 것을 훌륭한 방법이라고 생각했다. 그래서 그는 경험으로 인식되는 자연법칙의 근거를 제시하기 위해 기계학의 원리를 연구하기 시작했다. 그러나 이 방법은 연장된 물질의 고찰에 관한 것으로 그를 만족시키지 못했다. 결국 그는 자연법칙의 근거를 찾기 위해서 형이상학의 영역에 속하는 확실하고 분명한 힘의 개념을 이용해야겠다는 생각을 하게 되었다. 여기서 그는 동물을 순수하게 기계의 관점에서 설명하는 다른 사람들의 생각에 대해 사물의 질서와 맞지 않는다고 판단하고 뜻을 달리한다.

또 다른 한편으로 라이프니츠는 단일성과 다수성의 문제도 아리스토텔레스의 생각과 다르다. 이렇게 그는 아리스토텔레스의 사상과 뜻을 달리하며 상상력을 충족시킬 수 있다는 이유로 진공과 원자의 존재를 인정하였다. 단순한 물질이나 수동적인 것은 범위가 넓고, 그 넓은 범위는 하나로 보이지만 실질적으로는 부분이 모인 집합체라고 보았기 때문에 진정한 단일성의 원리는 결코 찾을 수 없다고 생각한다. 다수성은 자신의 실재성을 부분이 모여 하나가 된 그런 집합체적인 단일성이 아니라 진정한 의미의 단일성에서만 찾을 수 있기 때문이다.

그래서 라이프니츠는 이 문제를 완전한 존재를 형상적이고 능동적인 것을 포함하고 있는 실체적인 원자에서 해결하고자 했다. 이런 관점에서 당시로서는 많은 사람이 싫어한 실체적 형상이란 용어를 사용할 수밖에 없었다. 그렇게 함으로 실체적 형상은 사람의 영혼에 상응하는 개념으로 이해할 수 있기 때문이다. 그러나 우리는 영혼을 동물의 육체를 더 상세하게 파악하고 설명하기 위해 사용하지는 않는다. 마찬가지로 라이프니츠는 참된 보편적 원리를 제시하기 위해서는 필수적인 이 형상을 자연의 특수한 문제를 파악하거나 설명하기 위해서는 사용해서 안 된다고 생각한다.

아리스토텔레스는 이를 "제일 영성의 완성작용die erste Entelechie"이라고 했지만, 라이프니츠는 '현실성과 가능성의 보충이나 근원적인 힘일 뿐 아니라 근원적인 활동성'이라고 했다. 이 형식이나 영혼은 정신과 마찬가지로 결코 나누어질 수 없는 것이다. 바로 여기서 새로운 문제가 나타난다. 진정한 단일성을 가진 단순한 실체는 기적과 같은 창조를 통해서만 나타날 수 있고, 소멸을 통해서만 사라진다. 그러므로 실체를 구성하는 현상들은 세계와 함께 창조되었고, 늘 세계와 함께 존재하고 있다.

라이프니츠는 인간의 정신 혹은 이성적 영혼과 다른 동물들의 영혼을 구별해야 한다고 주장한다. 인간의 영혼은 다른 영혼에 비해 높은 등급이며, 완전성의 면에서도 다른 동물에 비해도 높을 뿐 아니라 신의 형상에 따라 창조되었기 때문이다. 자신의 형상에 따라 창조한 신은 인간의 정신을 마음대로 할 수 있다. 이는 곧 군주가 신하를 통치하는 것이나 부모가 자녀를 대하는 것과도 비슷한 이치라고 보았다. 이런 관점에서 인간의 정신을 위해 신은 자연의 법칙이나 사물까지도 바꿀 수 있다고 보았다. 인간정신은 모두 같은 것이 아니기 때문에 선한 정신적 존재는 상을 받아야 하며 악한 존재는 벌을 받는다고 본 그는 이 상과 처벌을 위해 자연법칙과 사물은 언제든지 신의 의지에 따라 변경될 수 있다고 생각한 것이다. 바로 여기서 우리는 예정조화설의 일부를 엿볼 수 있다.

이와 함께 논의되어야 할 라이프니츠의 사상은 영혼불멸성이다. 일반적으로 영혼불멸의 전제는 영혼의 윤회나 영혼의 한 육체에서 다른 육체로의 이행이다. 하지만 라이프니츠는 이런 일반적인 사람들의 생각이 사물의 본성과는 전혀 다르며, 영혼의 이행은 없다고 단호히 주장한다. 하지만 우리는 동물의 죽음이나 유기체의 소멸을 볼 때마다 그들의 영혼이 어떻게 되는가 하는 의문을 가진다. 만약 영혼이 이 세상 어디엔가 머문다고 한다면 자연의 법칙과 무질서한 현실 사이에서 우리는 더 큰 혼돈만 느낄 뿐이다.

라이프니츠도 이렇게 생각하였다. 그래서 그는 합리적인 생각의 필요성을 주장한다. 그의 생각에 따르면 우리 인간들은 태어나기 전에 인간의 감각기관으로는 도저히 파악할 수 없는 아주 미세한 것이 있다. 마찬가지로 인간은 죽음과 동시에 영혼이나 이성적 정신 역시 감각기관으로는 도저히 파악할 수 없는 아주 미세한 것으로 되돌아간다. 바로 이렇게 감각기관으로는 도저히 파악할 수 없는 미세한 부분만이 윤회나 기타 방법을 통해 환원된다고 보았다.

이때 영혼뿐 아니라 유기체적인 것들도 함께 보존된다고 라이프니츠는 주장한다. 문제는 영혼의 죽음의 시점이나 유기체의 파괴 시점을 정확하게 파악하고 결정하는 것이 인간으로서는 불가능하다는 것이다. 물에 빠져 죽은 줄 알았던 파리가 다시 살아난다거나 고장 난 기계가 기술이 아주 좋은 수리공을 만나면 다시 움직이는 것, 혹은 이와 비슷한 사례들을 우리는 자주 볼 수 있기 때문이다.

동물이나 인간은 형이상학적인 의미로 볼 때 최초의 창조 이후 최후의 소멸에 이르기까지 진정한 파괴 없이 계속 존속해 왔고 앞으로도 그렇게 될 것이다. 즉 동물의 최초 출생은 있었지만 새로운 동물의 생성은 존재하지 않는다. 이런 것을 라이프니츠는 상황에 따라 조금씩 변하고 바뀌는 동일한 동물의 변형만 존재할 뿐이지 결코 윤회는 아니라고 보았다.

그러나 이성적인 영혼은 동물보다 훨씬 더 높은 법칙을 따르기 때문에 신은 물질의 변화에 따라 인격의 도덕적 특성을 잃어버리지 않게 충분히 고려하여 창조하였다. 그리고 사회는 이런 인간 정신으로 구성되어 있으므로 (인간만이 가진 정신 때문에) 사회 구성원의 자격을 결코 잃지 않을 뿐 아니라, 오히려 우주 자체가 이런 정신에게 관심을 가질 정도로 피조물은 최대의 행복과 완전성을 지향하고 있는 것이다.

지금까지 사람들은 도덕법칙보다는 기계적 규칙에 더 의존하고 있는 동물의 육체와 물체적 실체는 소멸하거나 파괴된다고 보았다. 그러나 동물은 태어나지도 않고 죽지도 않으며, 사물은 시작이나 끝이 있는 것이 아니라 단지 나타나고 사라진다고 주장하는 사람이 나타나자 라이프니츠는 이런 사상가들이야말로 진리를 제대로 인식하고 있다고 좋아했다. 아리스토텔레스는 이런 생각의 시초를 엘레아 학파의 파르메니데스와 멜리소스에서 찾았다. 이들은 라이프니츠의 관점에서 볼 때 당시 사상가보다 더 근원적이고 근본적으로 이 문제에 접근했다.

그렇다고 라이프니츠가 당시 근대 철학자들을 부정석인 시각으로 보았던 것은 아니다. 하지만 그들은 거대한 자연법칙에 대해서 확실한 관념을 갖고 있지 않았기 때문에 자연적인 것과 사람에 의해 새롭게 만들어진 것들을 구별하지 못해 혼동하고 있는 것에 안타까움을 갖고 있었다. 이렇게 자연과 인간의 세계를 구별하지 못하는 사람은 단지 크기만으로 한쪽이 크면 다른 쪽은 작다는 식으로 표현하는 사람들이다. 하지만 라이프니츠는 이런 생각이 자연을 인식하는 데 아무런 도움도 주지 못한다고 보았다.

　라이프니츠는 자연적인 기계는 인간의 기계와 다르게 무한한 수의 기관을 갖고 있어, 인간의 어떤 생각에도 견딜 수 있을 정도로 너무나 견고하므로 그것을 파괴한다는 것이 불가능하다고 생각했다. 자연의 기계는 단지 바뀌고 변형될 뿐 결코 사라질 수 없다. 단지 이 기계가 어떤 때는 늘어나고 또 어떤 때는 줄어드는 것을 사람들은 그것이 사라진다고 생각하는 것이다. 자연기계는 크기와 상관없이 항상 기계로 남아 있기 때문에 한번 존재하면 동일한 기계로서 존속하여 남아 있는 것이다.

하지만 시계와 같은 태엽과 바퀴로 구성된 인공적인 기계나 군대, 양 떼, 혹은 금붕어로 가득 찬 연못처럼 유기체적인 단순한 물질의 집합에서 나타나지 않는 것이 하나 있다. 그것은 바로 영혼이나 형상을 통하여 사람 안에서 '나'라고 불리는 단일성의 존재이다. 진정한 실체적 단일성이 없다면 물질적 집합에서는 어떤 실체적인 것도 실제적인 것도 우리는 발견할 수 없다. 라이프니츠는 물질적 원자도 단일성이 될 수 없는 이유가 원자 역시 다른 어떤 것과 결합해 있어 그것이 소멸할 때, 결합한 것 중 어떤 것이 소멸하는 것이 아니라 함께 소멸하기 때문이라고 보았다.

그래서 라이프니츠는 단일성을 모든 활동성의 근원으로 보았으며, 합성되거나 집합된 사물의 첫 번째 원리이며, 사물을 분석했을 때 최후에 나타나는 실체적인 원자일 뿐 아니라 실제적이고도 절대적인 부분을 갖는 것이라고 했다. 바로 이런 점에서 단일성을 형이상학적인 점이라고 했다. 이 형이상학적인 점은 살아 있으며 지각을 가진 반면 수학적인 점은 우주를 표현한다. 그리고 물체적 실체는 물리적인 점으로 나타난다. 이 물리적인 점은 불가능한 것처럼 보이고, 수학적인 점은 확실하고도 정확하지만 형이상학적인 점은 실제적인 점이다. 그러므로 참된 단일성이 없다면 다수성을 상상할 수 없을 뿐 아니라 실제적인 어떤 것도 존재하지 않을 것이다.

라이프니츠는 이렇게 사물을 확고하고도 명확하게 설명할 수 있다고 판단했을 때 긴 항해를 끝내고 항구로 돌아온 기분이었지만, 육체와 영혼의 관계를 생각하자마자 다시 대양의 한복판에 외롭게 떠 있는 작은 조각배와 같은 심정이라고 토로했다. 영혼 안에 있는 사물을 육체는 과연 발생시킬 수 있을까? 혹은 하나의 실체가 창조된 또 다른 실체와 어떻게 소통할 수 있을까? 라이프니츠는 이런 물음에 대해서 설명할 수 있는 어떤 방법도 찾지 못했기 때문이다.

라이프니츠는 데카르트 역시 이 문제에 봉착하자 더 이상 논의를 진행하지 못했고, 그의 추종자들도 영혼과 육체의 상호작용에 대한 생각을 더 이상 하지 않았다고 보았다. 데카르트 추종자들은 신이 인간의 영혼 안에 생각이 일어날 수 있게 한다고 보았기 때문에 사람들이 육체의 특성을 알 수 있다고 보았다. 그리고 사람들이 영혼을 통해 육체를 움직이는 것은 신이 우리의 영혼을 위해 우리의 육체를 움직여 준다고 생각했기 때문이다.

라이프니츠는 이렇게 실체의 문제를 설명하고 있지만, 실질적으로 이 문제를 해결했다고 생각하지는 않는다. 그는 형이상학적인 측면에서 창조된 실체가 다른 창조된 실체에 어떤 영향도 줄 수 없다고 생각했다. 그러므로 창조주의 힘을 통하지 않고는 창조는 있을 수 없다. 그러나 고대 그리스 사람들은 창조주라는 원인만 있고 결과에 불만이 있을 때 '데우스 엑스 마키나Deus ex machina'라는 신을 등장시켰다. 이 신은 마치 신처럼 나타나 인간이 해결하지 못하는 문제를 처리해 주고 사라지곤 했다. 하지만 라이프니츠는 고대 그리스와 다르게 자신이 사는 시기에는 데우스 엑스 마키나만으로 이 문제를 해결할 수 없다고 보았다.

우리가 첫 번째 원인을 창조주에서 찾듯이 두 번째 원인은 데우스 엑스 마키나에서 찾아야 하기 때문이다. 그러나 이 두 번째 원인을 인정하는 사람은 아무도 없다. 그래서 철학은 신적인 지혜를 통해 이 근거를 찾으려 노력하고 있는 것이다. 그래서 라이프니츠는 신의 전지전능함을 통해서라도 영혼이나 참된 실체를 외부로부터가 아닌 신으로부터 받아들이고자 했다. 즉 신은 영혼 혹은 모든 실제적인 단일성을 외부의 사물들과 완전히 일치하게 창조하였다.

사람의 내부지각은 외부 존재가 나타내는 현상과 조화를 이루고 있어서 영혼 안에 잘 나타난다. 왜냐하면 신이 창조할 때 실체의 개별적인 성격과 본성을 규정하기 때문이다. 그리고 이렇게 창조된 모든 실체는 자신의 방식에 따라 전 세계의 모든 것을 정확하게 표현한다. 이때 실체는 전 우주에 자신 혼자만 존재한다고 생각하거나 신과 자신 외에 어떤 것도 존재하지 않는다고 생각하면서 영혼을 통해 자신을 드러낸다. 이 영혼에 의해서 유기체적인 물질이 가장 잘 표현된다. 그리고 영혼과 육체의 결합은 모든 실체 안에 처음부터 규정되어 있는 것이기 때문에, 영혼이 육체 안에 나타남으로써 그 자리를 지키고 있는 것이다.

신은 왜 이렇게 실체의 영혼과 육체의 관계를 설정하고 결합했으며, 육체를 통해 영혼이 나타나게 했을까? 라이프니츠는 이것을 하나의 정당한 가설이라고 보았다. 그리고 신이 왜 피조물을 창조할 때 실체에 일어날 모든 현상이나 다른 피조물의 도움 없이 질서 있게 나타나는 본성이나 내적인 힘을 스스로 갖게 부여하지 않았는지 묻는다.

신은 당연히 실체의 본성에 발전이나 변화가 필연적으로 요구될수록 더욱더 실체가 내적인 힘을 갖게 할 수 있다. 그리고 약간의 차이는 있겠지만, 영혼의 본성은 우주를 분명하고 정확한 방법으로 표현함으로, 영혼을 통해 나타나는 표상을 우주 자체의 변화에 따르게 하였다. 이때 영혼은 외부로 작용하게 되는데 육체가 이에 순응하기에 가능하다. 여기서 라이프니츠는 육체가 신과 함께 공동체를 구성하고 정신을 위해 창조되었다고 보았다. 그리고 이때 정신은 신을 찬양할 수 있는 능력을 갖추게 된다. 우리는 이 가설을 통해 우주의 조화와 신의 창조물에 대한 완전성이라는 관념을 인식하게 된다고 주장한다.

실체나 영혼이 신에 의해 창조되었다는 이유만으로 우리는 외적으로는 마치 신에 구속된 것처럼 보인다. 그러나 우리는 스스로 갖고 있다는 정신에 따라 살기에 우리의 외적인 삶은 충분히 자유롭다. 그뿐만 아니라 형이상학적인 관점에서 볼 때도 모든 피조물들은 완전히 독립적이다. 영혼의 불멸성과 본성은 외부의 피조물과 구별하여 개체성을 확립해 준다. 이렇게 라이프니츠는 자신이 설명한 영혼의 본성이 어떤 체계로도 설명할 수 없을 정도로 명증하다고 주장한다.

정신은 스스로 자주적이며 자신만의 세계를 구축하고 있기에 다른 피조물로부터 독립적이며 무한하고 영속적이기 때문에 작은 우주로 표현된다. 그래서 정신은 우주 안의 모든 다른 정신의 공동체와 함께 완전성을 추구하고 그렇게 되도록 기여하기 때문에 그 나름대로 역할에 충실하다. 이런 정신의 공동체적 역할은 신의 나라에서 도덕적 연합체를 이룸에 충분하다. 여기서 라이프니츠는 새로운 '신존재증명'이 나타난다고 보았다. 서로 교류가 없는 실체들이 완전하게 일치하는 것은 공동의 원인에서 나온다고 보았기 때문이다. 그리고 이것이야말로 단순한 가설 그 이상이라고 보았다.

6

모나드와
예정조화설에 대하여

1
『단자론』이 서술될 때까지

라이프니츠의 형이상학 사상 중에서 최고라고 평가받는 『단자론』에 대해 여전히 많은 의문이 남아 있다. 『단자론』은 라이프니츠가 오스트리아의 빈에서 지내는 동안 프랑스 오를레앙Orléans의 고문 장관이었던 레몽Nicolas-François Rémond, 1638-1725 공작에게 장문의 편지 형태로 쓴 것이다. 니콜라 레몽은 확률이론의 창시자 피에르 레몽의 형이기도 하다. 이 니콜라 레몽은 추남으로 잘 알려져 있지만 많은 초상화를 남긴 것으로도 유명하다. 특히 정치 외에도 수학, 철학, 문학 그리고 시에도 많은 관심을 가진 사람으로 잘 알려져 있다.

레몽은 1713년부터 라이프니츠의 철학에 매료되어 서신을 통해 많은 질문을 하였다. 라이프니츠가 더 오래 살았더라면 더 많은 서신을 통해 두 사람의 철학이 깊이를 더했을지도 모른다. 특히 레몽은 편지로 라이프니츠의 인식론, 자연철학, 그리고 종교학에 감사했으며, 동양의 우주론에 대해서도 깊은 관심을 가졌다.

두 사람의 편지 내용을 볼 때, 라이프니츠는 너무 바빠 레몽에게 많은 편지를 보낼 수가 없었다. 하지만 레몽은 라이프니츠의 편지를 무척 기다리고 있었던 것이 사실이다. 1714년 1월 10일 라이프니츠는 빈에서 한 장의 편지를 보냈다. 이 편지 내용에 따르면 레몽은 플라톤의 인식론에 깊이 심취해 있었던 것 같다. 그래서 라이프니츠의 생각과 잘 맞았는지도 모른다. 하지만 라이프니츠는 자신의 사상이 아직 체계를 갖추고 있지 않기 때문에 정리가 필요하다고 생각했다.

이 편지에서 라이프니츠는 자신이 늙은 것과 자신을 도와줄 학자가 없음에 대해 아쉬움을 남겼다. 즉 그는 자신이 조금 더 젊거나 우수한 젊은 학자의 도움이 있다면 일반적으로 정당성을 인정받는 학문die allgemeine Richtigkeitslehre을 수립하고, 이 학문을 통해 이성적 진리를 찾고 수학적 계산을 통해 다른 사람들로부터 인정받고 싶어 했다.

계속해서 라이프니츠는 레몽에게 자신의 어린 시절에 가졌던 학문에 대한 관심을 서술하고 있다. 라이프니츠는 어릴 때 아리스토텔레스의 철학에 대해서도 많은 연구를 하였지만,

플라톤의 인식론에도 깊은 관심을 가졌기 때문에 스콜라철학자로부터 어떤 반감도 사지 않았다고 생각했다. 특히 플라톤과 플로티노스철학에 많은 관심을 가졌던 라이프니츠는 스콜라철학의 편견에서 벗어나 근대 철학에 깊이 빠질 수 있었다.

라이프니츠는 15살 때 로젠달Rosendal 숲을 산책하면서 실체형상die substantielle Form에 대한 많은 생각을 하였다고 한다. 물론 이때 고민은 실체형상을 취할 것인가 버릴 것인가였다. 이렇게 하여 수학 공부의 중요성을 알았고, 기계론에 대한 사상이 생겨났다. 물론 라이프니츠가 수학에 깊이 심취하게 된 이유는 파리에서 네덜란드 수학자이며 물리학자인 호이헨스 Christiaan Huygens, 1629~1695를 만나면서부터다.

문제는 라이프니츠가 수학에서 모든 것을 해결할 수 없다는 사실을 알면서부터다. 라이프니츠는 역학의 궁극적 이유와 운동법칙의 궁극적인 이유를 수학에서 찾지 못하고 결국 형이상학에서 발견할 수밖에 없다는 사실을 깨달으면서 단자에 대한 문제로 접근하였다.

이 문제를 해결하기 위해서 먼저 아리스토텔레스의 엔텔레케이아entelekeia, ἐντέλεχεια에서부터 시작한다. 즉 엔텔레케이아에서 질료적인 것과 형상적인 것을 구별한 다음, 개념을 여러 가지 방법으로 바꾸거나 변형시켜 단자, 즉 단순한 실체die einfache Substanz만이 유일한 참된 실체die einzig wahre Substanz라는 것을 알게 되었다고 주장한다. 이는 곧 질료적인 것은 단지 현상에 불과하다는 사실을 알게 된 것과 같다.

이상의 내용을 중심으로 단자에 대한 자신의 생각을 레몽에게 보냈다. 편지를 받은 레몽은 단자에 대한 더 구체적이고 체계적인 내용의 글을 기다리고 있었다. 하지만 라이프니츠는 더 이상 어떤 내용도 보내지 않았다. 레몽과 그의 친구들은 여전히 기대에 부풀어 있었다. 하지만 레몽을 비롯한 친구들이 기대에서 단념으로 생각이 바뀔 때쯤인 1714년 7월 라이프니츠는 좀 긴 내용의 편지를 작성했다. 라이프니츠는 편지의 앞부분에서 답장이 늦은 이유에 대해 설명하고 있다. 레몽이 부탁한 단자에 대한 이론을 정리하다 보니 내용이 너무 많아져 빨리 답할 수 없었다는 것이다. 그리고 여전히 미완성 상태라 단자에 대한 사상을 보여주지 못함에 대한 미안함을 먼저 전했다.

편지 내용은 그러했지만 라이프니츠는 여전히 단자에 대한 이론을 레몽에게 보내지 못했다. 이는 말년의 어수선한 삶을 보여주는 한 부분이거나 스스로 단자에 대한 내용이 완성되지 않았다고 판단했기 때문인지도 모른다. 왜냐하면 글에 대한 제목도 결정하지 못했기 때문이다.

스콜라철학의 영향을 받은 당시 사상가들은 철학 내용을 시로 남기기를 원하였다. 레몽과 그의 친구들도 라이프니츠의 사상을 시로 남기기를 원했다. 그래서 그들은 라이프니츠의 사상을 파악하고 내용을 요약하려고 하였고, 그 내용을 편지로 부탁했던 것이다. 이 부탁을 받은 라이프니츠는 자신의 형이상학적 사상을 최대한으로 집약하여 90장으로 만들었다. 여전히 이 책의 서명을 정하지는 않았다. 내용에서도 '단자론'이라거나 '단자 이론'이라는 단어도 찾아볼 수 없다. 오히려 예정조화에 대한 내용과 이론을 더 많이 사용하고 있다.

이런 관점에서 볼 때 『단자론』은 인식론, 형이상학, 변신론, 논리학, 수학 등 라이프니츠 철학 전체를 하나로 묶은 저서로 보아도 무리없을 것이다. 철학보다 정치에 관심이 많았던 그는 당시 유럽의 대부분 국가에서 활동하던 사상가나 철학자와 거의 대부분 교류하였다. 아마도 라이프니츠만큼 많은 사상가와 교류한 철학자도 많지 않을 것이다. 바로 이런 측면에서 라이프니츠는 당시 유럽의 전 철학사상을 『단자론』에 담고자 했는지도 모른다. 또한 자신의 철학을 시로 표현하고 싶다는 레몽의 부탁이 오히려 고마웠을지도 모른다. 자신의 철학뿐 아니라 전 유럽의 철학사상을 『단자론』 한 권에 그것도 시로 표현함으로 후세에 알리고자 했을 수도 있다. 그래서 그는 스스로 이 책의 제목을 정하지 못했을 것이다.

로도스의 안드로니코스Andronikos von Rhodos의 공적은 아리스토텔레스의 저서를 재정리한 것이다. 마찬가지로 쾰러Heinrich Köhler, 1685-1737의 공적이 있다면 그것은 제목이 없는 라이프니츠의 책을 독일어로 번역하면서 제목을 붙여 준 것이다. 예나대학교에서 철학과 수학을 가르치며 교수로 있던 쾰러는 이 책을 번역하기 전에 이미 영국의 철학자이며 초기 계몽주의자였던 클라크Samuel Clarke, 1675-1729와 라이프니츠 사이에 오고 간 편지를 번역하는 일을 하면서 라이프니츠를 도와주고 있었다.

라이프니츠가 왜 이 책을 쓰게 되었는지에 대해 분명한 것은 레몽의 부탁이 가장 큰 원인이라는 점이다. 쾰러에 의해

『철학 혹은 단자론*Les principes de la philosophie ou la Monadologie, Die Prinzipien der Philosophie oder Monadologie*』이라는 이름으로 출판된 이후『단자론*La Monadologie, Monadologie*』이라는 제목을 얻게 된 이 저서는 이후 라이프니츠의 모든 전집과 저서에서 같은 제목으로 오늘날까지 소개되고 있다. 라이프니츠는 자신의 철학 사상을 이 한 권에 모두 담았다. 이 때문에 어쩌면 지금까지 그의 사상의 반복이라고 할 수도 있다. 즉 새로운 내용이 없을 수도 있다. 그리고 스스로 제목을 달지 않았기 때문에 독자는 『단자론』이라는 내용을 책에서 찾지 못할 수도 있다.

이런 몇 가지 이유로 이 책에 대한 학자들 간의 생각이 다를 수도 있다. 오늘날 우리가 라이프니츠의 주요 사상이 무엇인가 하고 물을 정도로 라이프니츠는 형이상학을 비롯하여 논리학, 수학, 심리학, 생물학, 신학 등 여러 분야의 철학을 다루었다. 하지만 『단자론』 때문에 라이프니츠의 주요 사상을 형이상학보다는 논리학에서 찾는 철학자도 많다.

1714년 철학 저서로 『단자론』과 『자연과 은총의 이성적 원리』를 그리고 수학 지서로 『미분의 역사와 기원』 등 세 권의 책을 발표를 마지막으로 더 이상 저서를 발표하지 않았다. 결국『단자론』은 그의 말년에 발표된 주요 저서이면서 그의 철학 전체를 담은 저서이기도 하다. 잘 알려진 것처럼 정치에 뜻을 두었던 말년 시절은 하노버공화국으로부터 냉대와 질시로 힘든 나날이었다. 이런 상황 속에서도 그는 자신의 형이상학을 모두 담은 『단자론』을 발표함으로 자신의 위대성을 스스로 입증했다.

퀼러가 1720년 프랑스어로 저술된 『단자론』을 독일어판으로 번역하여 발표하였지만, 대중들에게 그렇게 잘 알려지지는 않았다. 그래서 원본이 프랑스어인지 라틴어인지에 대한 서로 다른 의견도 있었다. 이런 의구심은 1840년 《라이프니츠 전집Opera Philosophica》이 라틴어로 편찬되면서 더 증폭되었다. 당시 할레대학교의 철학교수였던 에르드만Johann Eduard Erdmann, 1805~1892(에르드만은 자신의 이름을 라이프니츠 전집에서는 당시 다른 사상가들과 마찬가지로 라틴어명인 요아네스 에두아르두스Joannes Eduardus라고 표기하고 있음)은 자신이 편찬한 라이프니츠 전집에 라틴어로 쓰인 『단자론』을 게재하였다.

이런 외적인 의문보다 더 중요한 것은 그 내용이었다. 『단자론』의 정체가 알려지면서 『변신론』이나 『신체계』보다 더 큰 반향이 일어났다. 『단자론』은 라이프니츠의 형이상학 저서 중에서 가장 간결하고 분명한 내용이라는 의견이 지배적이면서 그 중요성은 오늘날까지도 유효하다. 문제는 『단자론』을 이해하기 위해 라이프니츠의 다른 저서들을 알고 있어야 한다는 것이다. 라이프니츠가 이 책을 저술하면서 '단자'라는 말보다는 실체나 변신론에 관한 내용을 더 중요하게 생각했던 것으로 보인다.

하지만 『단자론』에서는 『변신론』에서 주장한 내용이나 구절을 언급하는 부분이 많기 때문에 『변신론』의 중요성을 더 강조하고 있는 것이 사실이다. 이런 관점에서 라이프니츠는 『단자론』을 자신의 주저인 『변신론』의 주역서로 출판했다고 볼 수도 있다. 그러나 『단자론』만으로도 그의 형이상학 체계 전체를 이해하고 파악하기에 아무런 문제도 없다. 즉 그의 형이상학 저서 중에서 가장 짧고 확실한 내용을 함축적으로 담고 있다는 것은 분명한 사실이다.

우리는 오히려 이 책을 통해 실체나 존재양식의 문제를 찾고 있다. 그리고 라이프니츠도 이 책을 통해 세계의 궁극적인 실체는 무엇인가에 대한 정의를 내리려고 하고 있다. 그리고 모든 가능한 존재양식을 설명하려는 점에서 전통적인 형이상학을 따르고 있는 것도 사실이다. 그뿐만 아니라 90개의 절은 모두 각각 나름대로 중요한 어떤 것을 요약하고 있기도 하다.

이렇게 90개의 절로 자신의 형이상학을 설명하는 라이프니츠를 자신이 좋아했던 네덜란드의 철학자 스피노자의 사상에 기인한다고 주장하는 사람도 있다. 스피노자는 『윤리학*Ethica, ordine geometrico demonstrata. Ethik, nach geometrischer Methode dargestellt*』을 수학적인 방법인 증명, 정리 등의 방법을 통해 보다 간단하게 하려고 했다. 라이프니츠도 자신이 좋아하고 사랑한 수학을 철학에 적용하려한 것이 아닐까 하는 생각이다. 분명한 것은 『윤리학』이나 『단자론』은 수학의 원리만큼이나 분명하고 간단하게 표현하려 한 것이다. 이런 관점에서 스피노자와 마찬가지로 라이프니츠도 사변적 형이상학자나 신학자뿐 아니라 수학자나 논리학자에게 사랑받고 있다는 점에 공통점이 있다.

2

모나드와 예정조화설의 내용

1) 모나드란 무엇인가?

라이프니츠는 『단자론』 1장부터 8장까지 '모나드'의 기본적인 문세를 논의하고 있다. 먼저 1장에서 모나드를 복합체das Zusammengesetzte를 형성하고 있는 단순한 실체라고 정의한다. 물론 이때 단순하다는 것은 부분이 없음을 뜻한다. 복합체란 물질을 의미하고 부분이 없는 단순한 실체란 『형이상학론』에서 얘기된 개체성 내지 개체적 실체와 같은 것이다. 모나드가 하나를 의미하는 그리스어 '모나스monas'에 그 어원을 두고 있는 것을 고려할 때, 라이프니츠는 모나드에서 실체란 단순하면서도 분할 불가능함을 강조하고 있는 것 같다. 즉 실체란 개체적이며 단순하다는 『형이상학론』의 생각과 다르지 않다.

2장에서는 복합체에 대해 정의하는데, 단순한 것들의 '무리' 혹은 '집합'이라고 한다. 이때 무리나 집합은 분할이 가능한 것을 의미하기 때문에 복합체란 물질적 존재이다. 그러므로 복합체의 존재가 있다는 것은 단순한 실체가 존재할 수 있는 것이다. 이 생각에서 우리는 두 가지를 추론할 수 있다. 하나는 복합체적 존재를 분할하면 모나드가 된다는 것과 다른 하나는 모나드가 쌓이면 복합체가 된다는 것이다. 이것이 의미하는 것은 복합체적 존재로부터 모나드의 추론도 가능하고, 모나드로부터 복합체적 존재의 추론도 가능하다는 것이다. 하지만 전자는 불가능하다는 것을 우리는 알고 있다. 라이프니츠는 그 이유를 다음 장에서 설명하고 있다.

라이프니츠는 부분이 없다는 것은 연장, 형태, 혹은 분할도 불가능하다고 한다. 즉 부분이 있다는 것은 연장이 있고, 형태가 있으며 무한한 분할이 가능하다는 것과 같다. 모나드는 이런 무한한 분할이 불가능하기 때문에 자연에 있어서 진정한 원자이다. 더 간단히 말하면 모나드는 자연에 존재하는 사물의 요소이다. 우리가 알고 있듯이 일반적으로 물리적 원자는 연장과 형태를 갖고 있지만 분할은 불가능할 수도 있다. 분할은 되지 않을지 모르지만 연장과 형태를 갖고 있다면 원자는 분할된다고 보아야 할 것이다. 그러나 라이프니츠는 원자로서 모나드는 분할되지 않는다고 보았다. 그래서 그에게 있어 물리적인 원자는 '비실재적'이라고 할 수 있다.

모나드의 이런 성질 때문에 나누어지거나 해체될 걱정은 하지 않아도 좋다. 더더욱 단순한 실체로서 모나드가 자연적으로 소멸하는 일은 절대로 없을 것이다. 역으로 단순한 실체가 축적되거나 복합체를 통해 자연적으로 생겨나거나 발생할 이유도 없다. 단순한 실체는 부분을 이어 복합체를 만들 수 없기 때문이다. 라이프니츠는 조금씩 점차 생겨 자연을 이룬다고 보았다. 그러나 모나드는 부분을 갖고 있지 않기 때문에 부분이 모여 복합체를 형성할 수 없다고 생각했다. 라이프니츠는 모나드가 점차 내적인 발전을 이루어 나간다고 보았다. 이것과 자연적인 생성은 다른 것으로 본 것이다.

이상의 내용을 중심으로 『단자론』 6장에서 모나드는 단지 한 번에 생성되거나 혹은 소멸된다고 주장한다. 다시 말하면 단자는 신에 의한 창조를 통해서만 생성되고 파괴에 의해서 소멸된다. 모나드와 다르게 복합체는 부분에 의해 천천히 생성되고 역시 부분에 의해서 소멸되는 것이다.

그뿐만 아니라 모나드 내부에는 어떤 것도 전달될 수 없다. 즉 모나드는 어떤 피조물이나 자연적인 사물에 의해서 변하거나 변질되는 일이 없다. 그리고 다른 피조물이나 사물로 변화되지도 않는다. 이렇게 외부의 영향으로 모나드의 본성이 변하는 경우는 없다. 모나드의 내부에서는 복합체와 다르게 아무것도 장소를 이동시키거나 내적인 운동이나 혹은 운동을 유도할 수 있는 어떤 것도 없으며, 이런 것을 통해 모나드를 변화시킬 수 있는 어떤 것을 증가시키거나 감소시키는 어떤 내부 운동이 있다는 것조차도 생각할 수 없기 때문이다. 이런 이유로 우리는 모나드가 어떤 피조물이나 사물에 의해서 모나드의 내부에 영향을 받거나 변화될 수 있는 가능성마저도 생각할 필요가 없다.

라이프니츠는 『단자론』 7장에서 "모나드는 어떤 것도 내부로 들어가거나 내부에서 밖으로 나올 수 있는 창문이 없다 Les Monades n'ont point de fenêtres, par lesquelles quelque chose y puisse entrer ou sortir. Die Monaden haben keine Fenster, durch die etwas hinein- oder heraustreten könnte"는 유명한 말을 한다. 이런 성질을 갖고 있는 모나드는 스콜라철학자들이 주장하는 감각적 형상과는 다르다. 스콜라철학자들은 감각적 형상을 통해 실체의 개별적인 측면을 파악할 수 있다고 보았다. 하지만 모나드는 실체로부터 우유성이 떨어져 나가 실체의 외부를 떠돌거나 방황할 수 없다. 이와 함께 실체도 모나드 속으로 들어갈 수 없기는 마찬가지다.

이런 관점에서 보면 모나드는 아무런 성질도 없는 것처럼 보인다. 하지만 라이프니츠는 8장에서 모나드는 '어떤 고유한 성질을 소유해야 한다'고 주장한다. 만약 모나드가 고유한 성질을 갖고 있다면 결코 존재하지 않기 때문이다. 단순 실체인 모나드가 비존재라면 복합체 역시 존재가 아니고 본질이 없는 존재는 없을 뿐 아니라 다른 것과도 구별되지 않기 때문이다. 복합체는 단순 실체로부터 구성되기 때문에 단순 실체로서 모나드의 고유한 성질이 없어 구별되지 않는다면 사물의 어떤 변화도 구별할 수 없기는 마찬가지다. 그뿐만 아니라 모나드는 양적인 구별이나 차이도 없기 때문에 모나드의 고유한 성질마저 없다면 (모나드 간의 구별이 불가능할 뿐 아니라 빈틈없이 채우고 있는 공간에서 운동이 일어난다면) 모든 공간에서 같은 내용만 있고, 사물들의 상태를 서로 절대로 구별할 수가 없다. 그래서 라이프니츠는 단자는 고유한 성질 혹은 본성을 갖고 있다고 말한다.

2) 모나드의 형이상학적 원리

먼저 모나드를 정리하고 모나드의 성질을 설명한 다음 9장부터는 형이상학적인 원리를 설명하고 있다. 먼저 모나드가 서로 다르다는 것을 설명한다. 모나드는 서로 구별되어야 하기 때문에 어떤 모나드도 같아서는 안 된다. 자연에는 결코 두 개의 존재가 완전히 같으며 내적으로 구별할 수 없는 것이 있을 수 없기 때문이다. 즉 내적 성질로 인해 차이가 나지 않는 존재는 결코 없다는 것이다.

많은 시간이 지나 복제된 사람이 있다고 가정하자. 이렇게 복제된 사람은 동일한 사람으로 봐야 할까 아니면 다른 사람으로 봐야 할까? 라이프니츠는 이런 경우 내적으로 동일하다고 보았다. 그러나 이런 경우 인구수를 조사한다면 수적으로는 결코 동일할 수 없다. 라이프니츠는 이렇게 내적으로 동일하다는 것이 복제된 사람처럼 내적으로 동일하면서 수적으로 차이가 나는 경우는 없다고 보았다. 그래서 그는 두 개의 존재가 완전히 정확하게 똑같은 경우는 없고 서로 다를 수밖에 없다고 한다.

창조된 모든 피조물은 변하고 소멸할 수밖에 없다. 그렇다면 모나드는 어떨까? 모나드도 창조된 것이 분명하기 때문에 다른 피조물과 같이 변한다. 피조물이 아무런 변화가 없는 것처럼 보일 수도 있지만, 아주 미세한 변화를 느끼지 못할 뿐 모든 피조물의 변화는 필연적이다. 이런 변화가 모나드에서도 끊임없이 일어나고 있다는 것에 대해 라이프니츠는 어떤 다른 의견이 없을 것이라고 확신한다.

모나드가 변한다면 어떻게 변할까? 모나드는 외부와 내부로부터 출입이 불가능한 창이라고 했다. 그렇다면 모나드의 외부에서 내부로 어떤 영향을 줄 수도 없고 모나드의 내부에서는 외부의 영향도 받을 수 없다. 그러나 모나드는 변한다고 했다. 그렇다면 모나드의 변화는 결국 내부에서 일어날 수밖에 없다. 결국 모나드의 자연적인 변화는 모나드 내부의 내적인 변화 원리에 따르게 되는 것이다. 이것이 바로 모나드의 내적 특성 중 하나다. 라이프니츠는 외적인 어떤 것도 모나드에 영향을 주지 못한다는 것을 전제로 모나드의 내적 변화원리를 강조하고, 이것은 모나드의 욕구로 표현한다. 이렇게 해서 모나드의 내적 특성 중 하나로 욕구를 말한다.

모나드 내부에 변화의 원리가 생기고, 이 원리에 따라 모나드는 다양하게 변하게 된다. 이렇게 해서 단순한 실체로서 모나드가 자신만의 특수화와 다양화로 변한다면, 이번에 필요한 것은 변화에 대한 세부 내용이다. 즉 모나드는 구체적인 내용에 따라 변해야 개체의 고유성이 나타난다고 보는 것이 라이프니츠의 생각이다. 『단자론』 12장에서 주장하는 이 모나드의 고유성은 9장의 내용과 관계가 있다. 모나드의 내부에서 변화가 특수하지 않고 다양하지 않다면 같은 변화만 일어날 것이다. 이때 수적으로는 증가할지 모르지만 두 개의 같은 존재만 있을 것이다. 모나드에 변화가 일어나 다른 것이 되었지만, 내용이 동일하다면 변화라고 할 수 없다. 그래서 특수화와 다양화에 따라 변한 모나드는 고유성을 가진 다른 존재가 되는 것이다.

3) 모나드의 세부내용

모나드를 변화시키는 세부 내용은 13장에 설명되어 있다. 즉 라이프니츠는 세부내용은 단일성 혹은 단순성 속에 다수성을 포함하는 것이 필연적이라고 생각했다. 피조물의 변화 혹은 자연적인 것의 변화는 늘 서서히 점진적이기 때문에 변하는 것도 있고 변하지 않는 것도 있다. 여기서 라이프니츠는 모든 것은 끊임없이 변한다는 것을 전제로 하는 것 같다. 즉 변화하는 모든 것에는 변하지 않는 요소가 있는가 하면 변하는 요소도 있다. 이를 통해 어떤 존재가 변한다고 해서 다른 존재가 되는 것은 결코 아니다. 바로 이런 관점에서 단순한 실체인 모나드는 부분을 포함하고 있지 않지만, 여러 가지의 변화에 대처할 수 있는 특성과 관계가 내부에 있다.

라이프니츠는 바로 이 단일성 혹은 단순한 실체가 포함하고 있는 다수성이 표현되는 추이적인 상태를 사람들은 '지각die Perzeption'이라 한다고 주장한다. 이런 주장에 따르면 사람들의 지각이란 감각기관을 통해 외부의 대상을 받아들이는 것이 아니라 모나드의 내부 상태를 규정한 것에 불과하다. 단순한 실체인 모나드는 외부로부터 어떤 것도 받아들이는 창이 없기 때문이다. 그리고 라이프니츠는 이 지각을 통각die Apperzeption이나 의식das Bewußtsein과도 구별한다.

라이프니츠는 데카르트학파의 사상가들은 사람들이 의식하지 못하는 지각은 아무것도 아니라고 생각힘으로 큰 실수를 저질렀다고 보았다. 그들은 동물이나 식물을 단지 기계적인 구조이며 연장의 부분으로 파악하다 보니 동식물에는 생각이나 사상은 없는 것으로 보았다. 이런 생각을 하는 데카르트주의자들은 이성적 정신만이 모나드라고 주장하게 되었다. 따라서 인간 외에 다른 생물의 영혼은 존재하지 않는다는 결론을 얻게 된 것이다. 이런 관점에서 그들은 뇌사자나 식물인간 혹은 오랜 기간 실신해 있는 사람들의 상태를 엄밀한 의미의 죽음과 혼동하였다.

데카르트주의자들은 죽음과 같은 잠, 혼수상태, 물에 빠진 파리가 다시 살아나는 것, 혹은 죽은 사람이 다시 살아나는 것과 같은 것을 정도의 차이만 있을 뿐 같은 것으로 보았다. 하지만 사람들은 죽은 사람을 어떻게 살려야 하는지 알지 못한다. 이는 알지 못하는 것이 아니라 무엇을 해야 할지 방법을 모르기 때문이라고 보았다. 문제는 그 방법을 안다고 해도 사람들이 기술이나 도구를 구할 수 없다면 아무 의미가 없게 된다. 데카르트주의자들의 이런 생각이 결국 스콜라철학에서 주장하는 육체 없는 영혼의 존재를 인정하게 되는 것이다. 그뿐만 아니라 라이프니츠는 영혼의 불멸성에 대해서 정확하게 설명하지 못하거나, 잘못된 편견이나 오류에 빠진 사람들의 주장에 대해서 오히려 힘을 실어 주는 결과를 가져왔다고 보았다.

『단자론』11장에서는 모나드의 내적 변화원리를 강조한다. 그리고 15장에서는 바로 이 내적 변화원리를 욕구라고 표현하고 있다. 라이프니츠는 한 지각에서 다른 지각으로의 변화 혹은 이행이 모나드 내부원리의 활동이라 보았고, 바로 이 내부원리의 활동을 욕구Appetition, das Streben라고 하였다. 물론 이런 욕구가 있고 목표로 하는 지각이 있다고 해서 완전하게 도달할 수 있는 것은 아니다. 하지만 이 욕구에 의해 부분적이지만 점차 목표에 도달할 수 있고, 새로운 지각에 이르게 되는 것이다.

만약 우리가 의식하는 극히 미세한 생각일지라도 그 속에서 대상이나 물질이 가진 다양성을 발견한다면, 우리는 모나드라는 단순한 실체 속에서 다수성을 경험하게 된다. 이때 영혼을 단순한 실체로 인정하는 사람이라면 모두 모나드 내부에 있는 이 다수성을 인정할 수밖에 없다. 라이프니츠는 여기서 자신의 이론에 논평한 베일Pierre Bayle, 1647-1706까지도 이 다수성에 대해 인정할 것이라고 했다.

프랑스의 철학자이며 작가인 베일은 1697년 네덜란드 로테르담에서 『역사적 비판 사전Dictionnaire historique et critique』을 출판한다. 이 저서에서 베일은 이탈리아의 정치가 로라리우스Jarome Rorarius, 1485-1566에 관한 논문에 대해서도 논평한다. 로라리우스는 샤를 5세를 흠모하여 흠숭하고 찬양한 사람으로 유명하다. 그런데 당시 사람들이 샤를을 독일의 황제 오토나 바바로사의 프리데릭대왕보다 못한 인물이라고 평가하자 화가 난 로라리우스는 '사람들은 이성이 없는 하등동물보다 이성이 발달하지 못했다'는 논문을 발표했다. 베일은 이 논문을 자신의 저서에 소개하는 한편 라이프니츠의 단순한 실체는 어디에서고 다수성의 변화를 찾아볼 수 없다는 내용을 함께 실었다. 라이프니츠는 바로 이 점에 대해서 베일도 이제는 이 다수성에 대해 인정할 것이라는 생각을 하였던 것이다.

라이프니츠는 다수성을 인정한 것 외에도 17장에서 지각과 지각에 의존하고 있는 것들은 기계론적인 근거인 운동이나 형태를 통해서는 설명될 수 없다고도 주장한다. 여기 사물에 대해 사고하고 감정을 갖거나 지각도 할 수 있는 기계가 있다고 가정해 보자. 만약 이 기계가 너무 작아 우리가 기계 안으로 들어갈 수 없다면, 그 기계 속으로 들어갈 수 있게 같은 비율로 확대해 보자. 우리가 기계 속으로 들어갔다고 해도, 기계 속에서 발견할 수 있는 것은 오직 기계를 움직이는 부속품이나 복잡한 부품뿐이다. 우리는 그 기계 속에서 지각을 설명할 수 있는 어떤 것도 발견할 수 없다. 그렇기 때문에 라이프니츠는 지각을 단순한 실체에서 찾아야지 복합체나 기계에서 찾아서는 안 된다고 주장한다. 반면 단순한 실체의 내부에서는 지각들과 지각들의 변화 외에는 어떤 것도 발견되지 않는다. 이것이 단순한 실체의 내적인 작용 전부이기 때문이다.

바로 이런 면에서 라이프니츠는 모든 단순한 실체 혹은 피조물인 모든 모나드에 '엔텔레케이아'라는 이름을 줄 수 있다고 한다. 모나드는 자신의 내부에 완전성과 자족성을 갖고 있기 때문이다. 그렇기 때문에 모나드는 스스로 내적 활동의 원천이 된다. 그리고 모나드는 비물질적인 자동기계와 같은 것이다. 여기서 비물질적 자동기계란 사람의 손에 의해 만들어진 단순한 기계가 아니라 완전히 스스로 움직이는 기계를 말한다. 이런 기계는 자신 속에 모든 원인과 원리를 갖고 있으며 자신 이외의 것으로부터 완전히 독립되어 있다. 라이프니츠가 모나드를 자동기계라고 표현한 것은 바로 이런 것을 말한다.

4) 영혼으로서 모나드

라이프니츠는 넓은 의미에서 지각과 욕구를 가진 모든 것을 영혼이라고 한다면, 모든 단순한 실체 혹은 창조된 모나드는 영혼이라 해도 상관없다고 19장에서 주장한다. 그리고 영혼 작용으로서 지각은 단순한 지각 이상의 것이기 때문에 단지 지각만을 가진 단순한 실체는 모나드 혹은 엔텔레케이아라고 해도 충분하다고 생각했다. 그런가 하면 그는 지각이 더 판명하고 기억을 동반하는 모나드를 영혼이라 부르는 것이 마땅하다고 보았다.

라이프니츠의 입장에서 볼 때 모나드는 자족성과 내재화 된 목적을 갖고 내적 활동의 계획을 수립하고, 내부 활동의 원천이 되어야 한다고 보았다. 그리고 모나드는 지각과 욕구뿐 아니라 스스로 하는 행위를 관리할 수 있기에 영혼이라고 할 수 있다. 물론 이때 지각과 기억이 전제되어야 한다. 이때 라이프니츠는 기억을 무의식적인 지각과 다른 의식적인 어떤 것으로 보았다. 우리는 때때로 우리 자신 안에 있는 어떤 것도 기억하지 못하고 어떤 것도 구별하지 못하는 상태를 종종 경험한다. 기절이나 꿈도 꾸지 않고 자는 깊은 숙면과 같은 것이 그 예이다. 라이프니츠는 이때 단순한 모나드와 영혼이 구별되어야 한다고 보았다. 물론 이런 경우는 그렇게 오래가지 않는다. 영혼은 바로 이런 상태에서 벗어나 자신의 영역으로 돌아온다. 그러므로 영혼은 단순한 모나드와 구별되어야 하며 모나드 이상의 어떤 것이다.

그렇다고 해서 단순한 실체 속에는 정말 지각이라는 것이 없을까? 그것은 불가능하다. 단순한 실체는 소멸할 수도 없고 소멸하지도 않기 때문에 계속 움직이고 지속한다. 이 움직임이 없다면 단순한 실체는 결코 존재할 수 없다. 그리고 만약 움직임이 있다면 그것은 지각이다. 그런데 이 움직임이 너무 미세하여 거의 인지할 수 없을 정도의 미세한 지각만 있고 뚜렷한 지각이 없을 때 사람은 대부분 멍한 상태에 놓이게 된다. 예를 들어 코끼리 코를 하고 같은 자리에서 많이 돌다 갑자기 일어서면 세상은 빙글빙글 돌기만 하고 어지러워 정신이 멍해지고 사물을 구별할 수 없는 상태에 빠지는 것과 같다. 라이프니츠는 죽음이 임박했을 때 동물이 잠시 동안 이러한 상태에 빠지게 된다고 보았다.

이런 관점에서 볼 때 라이프니츠에게 잠과 죽음은 크게 다르지 않다. 삶을 육체와 영혼이 결합하여 있는 상태로 본다면 잠은 육체와 함께 있는 영혼이 의식 없는 지각상태에 빠져 있는 것이다. 그리고 꿈에서 깨어난다는 것은 이 의식 없는 지각상태에서 다시 빠져나오는 것이다. 그리고 죽음은 영혼이 의식 없는 지각상태로 영혼 속에 머물러 있는 것을 말한다. 이렇게 영혼의 불멸과 마찬가지로 조금 지나친 표현이긴 하지만 육체의 불멸도 얘기할 수 있다. 죽음은 영혼이 육체에 의식 없는 상태로 머무는 것과 같이 육체는 삶에서 죽음이란 변화만 있을 뿐이지 다른 변화는 없기 때문이다.

인과법칙에 따르면 한 운동은 다른 운동으로부터 나온다. 마찬가지로 한 지각은 다른 지각으로부터 나온다. 마찬가지로 모나드의 현재 상태는 그것의 앞 상태의 자연스러운 결과이다. 이런 관점에서 볼 때 미래는 현재의 어떤 순간보다 더 많은 것을 자신 안에 잉태하고 있다. 이는 곧 현재보다 미래가 더 많은 미래의 기대치를 옮겨 놓고 있다는 뜻이다. 현재가 자신 안에 미래를 품고 있다는 22장의 주장에서 우리는 예정조화설에 대한 그의 생각을 엿볼 수 있다.

비록 우리가 실신상태, 숙면 혹은 마취상태에서 지각하지 못한다고 할지라도, 이들 상황에서 깨어나는 바로 그 순간부터 우리는 지각을 한다. 그러므로 우리의 지각은 바로 직전에 의식하고 있는 지각을 가지고 있다는 것을 알 수 있다. 라이프니츠는 마치 원인이 바로 직전의 원인에서 시작하듯이 지각도 자연스럽게 직전의 지각에서 이어지고 발생한다고 보았다.

바로 이 점에서 라이프니츠는 『단자론』 24장에서 지각의 중요성을 강조한다. 만약 지각이 뚜렷한 특징이나 뛰어나고 품위 있는 모습을 조금이라도 잃어버린다면 우리는 항상 혼수상태나 마취상태에 놓여 있게 될 것이라고 경고한다. 그리고 실질적으로 이런 상태에 놓여 있는 것을 완전히 '단순한 모나드monades toutes nues, die ganz einfache Monade'의 상태라고 했다. 이런 모나드의 상태를 '꾸밈이 없는 상태'라거나 '벌거벗은 상태'라고 설명하기도 한다. 이런 표현들은 지각의 중요성을 보여주는 단적인 것이라 할 수 있다.

그리고 라이프니츠는 신 혹은 자연이 동물에게도 인간만큼은 아니지만, 어느 정도의 지각을 부여하였다고 보았다. 동물에게도 다섯 감각이 있고, 어떤 동물들은 다른 동물보다 더 뛰어난 감각을 가진 것을 증거로 보았다. 시각과 청각을 이용하여 공기의 진동을 감지할 수 있게 어떤 동물에게 감각기관을 신이 준 것이 그 예라고 할 수 있다. 또 어떤 동물들은 후각, 미각, 혹은 촉각을 이용하여 같은 일을 하기도 한다. 그뿐만 아니라 우리가 모르는 또 다른 감각기관을 이용하여 동물들은 자신만의 지각을 갖고 살아간다. 하지만 인간은 동물보다 더 특별하고 특이하기 때문에 인간과 동물의 감각기관 사이에는 기본적으로는 비슷한 점이 있긴 하지만 둘이 구별될 정도의 차이점은 분명히 있다고 보았다.

라이프니츠는 기억을 동반하는 모나드를 영혼이라고 했다. 그렇다면 영혼은 기억을 유지할 수 있는 연상 작용 혹은 연결을 짓는 어떤 작용이 있어야 할 것이다. 26장에서는 이것을 이성과 흡사하다고는 했지만, 이성과는 구별되어야 한다고 보았다. 라이프니츠는 이를 동물에서 예를 찾고 있다. 어떤 동물이 무엇인가에 의해 특별한 충격을 받은 경우 그 일에 대해 지각하고 그것이 기억 속에 남아 있을 것이다. 시간이 지난 후 같은 일이 일어나면 이 동물은 그 기억을 바탕으로 같은 일이 일어나는 것이 아닌가 하는 지각을 예상할 수 있을 것이라고 주장한다.

이를 설명하기 위해서 개와 몽둥이를 예로 들고 있다. 만약 심하게 몽둥이에 맞은 기억을 지각하고 있는 개가 있다면, 그 개는 몽둥이를 보는 순간 그 기억을 지각하고 꼬리를 내리고 도망가거나 '깨갱' 하고 사라진다. 27장의 이 예에 우리는 아직까지도 한 가지 의문을 품고 있다. 바로 예정조화설이다. 동물에게는 예정조화설이 없다는 뜻인지 아니면 잠시 라이프니츠가 예정조화설에 대해 잊고 이 예를 들었는지는 여전히 많은 의문이 남아 있다.

우리가 알 수 있는 것은 자극이나 운동에 대한 강렬하고도 강한 감각적 표상은 앞선 지각의 크기와 강약 혹은 횟수와 연관되어 있다는 것이다. 실질적으로 강한 인상은 오랜 습관으로 몸에 밴 버릇이나 강하지는 않지만 여러 번 반복된 강한 지각과 같은 효과나 결과를 보여주기 때문이다.

이렇게 동물처럼 사람들도 철저하게 기억의 원리에 따르거나 의존하여 지각한다면 사람과 동물의 구별은 없으리라는 것이 라이프니츠의 생각이다. 이런 경우 이론은 전혀 모른 채 경험만 갖고 진료하는 경험적인 사이비 의사와 다르지 않다고 『단자론』 28장에서 말한다. 그리고 실제로 일반 사람들도 이러한 사이비 의사처럼 대부분은 경험적 사실에 의존하는 순수한 경험주의자라고 주장한다. 예를 들어서 우리는 내일 다시 해가 뜰 것이라는 생각을 (순수한 경험주의자로서 사이비 의사가 그랬던 것처럼) 아무런 이론적인 근거 없이 한다. 우리는 단지 경험을 통해 오늘까지 해가 떴고 내일도 뜰 것이라는 사실을 알고 있기 때문이다. 하지만 몇몇 천문학자나 이론과 경험을 함께 연구한 몇몇 의사의 생각은 다를 것이다. 그들은 순수 경험도 중요하지만 무엇보다 이성적 근거를 바탕으로 모든 것을 판단하여서 해가 뜬다고 이해하거나 치료할 것이기 때문이다.

라이프니츠는 29장에서 사람은 필연적이고 영원한 진리를 인식할 수 있으므로 동물과 구별된다고 주장한다. 이것을 바탕으로 사람은 이성과 학문을 완성할 수 있으며, 더 나아가 자신을 알고 신을 아는 데까지 끌어올릴 수 있다. 이것이 바로 사람들 내부에 있는 '이성적 영혼Ame Raisonnable, vernünftige Seele',

혹은 '정신Esprit, der Geist'이라고 부르는 것이다.

사람은 이런 필연적인 진리의 인식에 도달하기 위한 여러 가지 추상작용을 통해 또한 반성작용도 한다. 이 반성을 통해 사람들은 자아라고 불리는 것에 대한 생각도 하게 되며, 우리 안에 이런 것도 있고 저런 것도 있다는 생각을 하게 되는 것이다. 이런 작용을 라이프니츠는 자아에 대한 사유라고 한다. 우리는 이런 자아에 대한 사유를 통해 실체, 단순한 것, 복합체, 혹은 비물질적인 것 등과 같은 것을 생각하고 더 나아가 신까지도 생각한다. 더 나아가 우리에게 제한된 것이 신에게는 제한되지 않는다는 사실도 알게 된다. 이런 사실을 알게 되면 사람들은 자신의 생각을 신의 생각에 이르게 노력하게 된다. 이런 반성작용이야말로 사람의 이성작용을 위해 중요한 대상을 제공해 주는 것이다.

라이프니츠는 이렇게 인간과 동물을 마치 등급이 있는 것처럼 구별하고 있다. 즉 인간은 필연적이고 영원한 진리의 지식을 갖고 있다. 그러나 인간과 등급이 다른 동물은 그렇지 못하다. 라이프니츠는 다음으로 인간과 신의 관계를 논한다. 인간은 필연적이고 영원한 진리를 신을 인식하는 데 이용한다.

그리고 영원한 진리의 반성작용을 바탕으로 이성작용을 추리할 수 있다. 라이프니츠는 인간이 이 추리작용을 바탕으로 신성에 관해서 생각하고 도달할 수 있게 한다고 보았다.

5) 모나드의 원칙과 종류

라이프니츠는 수학자답게 이 이성적 사고 작용 혹은 이성적 추리를 위해 『단자론』 31장과 32장에서 그 유명한 두 가지 원칙을 정한다. 하나는 '모순율'이고 다른 하나는 '충족이유율'이다. 모순율을 통해 스스로 모순을 포함하는 모든 판단은 거짓이라는 원칙을 정하는 반면 거짓판단과 대립되는 판단이나 모순판단에 모순되는 판단은 모두 참인 판단으로 인정하였다.

두 번째는 충족이유율이다. 만약 A가 A이면 왜 A이며 A 이외에 다른 것이 될 수 없는가를 충족시킬 수 있는 궁극적인 이유가 없다면, 어떤 사실이나 진리도 참일 수 없으며 존재할 수도 없고 어떤 명제도 진리일 수 없다고 보았다. 이런 경우 그는 충족이유율이라고 하였다. 이 두 가지 이성적 추리 원칙은 참을 거짓으로부터 가려내는 원칙이라고 할 수 있다. 특히 충족이유율을 통해 모든 사실이나 진리에는 그 사실을 설명하기에 충족될 수 있는 이유가 알 수 있든 없든 주어져 있다는 것을 보여주고 있다.

이어서 다음 장에서 두 가지 종류의 진리를 말한다. 하나는 '이성진리Vernunftwahrheit'이고 다른 하는 '사실진리Tatsachenwahrheit'이다. 이성진리는 필연적이지만, 그 반대는 불가능적이다. 사실진리는 필연적이고 그 반대는 가능적이다. 만약 진리가 필연적이라면 우리는 분석을 통해 그것의 이유를 밝힐 수 있다. 즉 우리가 진리를 더 단순한 관념이나 혹은 진리로 분해한다면 결국 우리는 제1의 원초적이고도 근원적인 관념이나 진리에 도달할 수 있다.

여기서 라이프니츠는 앞의 두 원칙과 진리의 두 종류의 관계에 관해서는 설명하고 있지 않다. 그러나 우리는 그 근거를 『형이상학론』13장에서 찾아볼 수 있는데, 라이프니츠는 필연적 진리는 모순율, 가능성 혹은 불가능에서 기인한다고 했다. 그리고 『단자론』33장에서 이성진리는 필연적이지만 그 반대가 불가능적이라 했기 때문에 이 두 권의 저서에서 추론하면 이성진리는 모순율과 관계가 깊다. 반면에 사실진리는 필연적이고 반대는 가능적이라 했기에 어쩌면 충족이유율과 관계를 설정해도 상관없다고 판단된다. 하지만 분명한 것은 라이프니츠는 이 관계에 관해 설명하지 않았다.

이렇게 라이프니츠가 원리를 세우고 종류를 나누는 것은 수학적인 분명한 진리를 얻고자 하기 위함으로 보인다. 수학자들은 이론적 정리theorem와 실천적 규칙canon을 분석을 통해 정의definition나 공리axiom 혹은 공준postulate들로 환원시킨 것을 우리는 너무나 잘 알고 있다. 그리고 이런 정의나 공리가 기준이므로 수학적인 정리는 철학적인 이론과 다르게 분명하고 확실한 진리로 인정받았다. 라이프니츠는 이런 점을 수학에서 갖고 와 철학에도 도입하고자 했던 것으로 보인다.

이렇게 했을 때 우리가 아무리 노력해도 도저히 정의할 수 없는 단순한 관념을 발견하게 된다. 그리고 수학의 공리나 공준과 같이 증명될 수도 없고 증명할 수도 없으며 심지어 증명이 필요 없는 근원적인 원리에 도달하게 되는 것이다. 이것은 바로 '자기동일적 명제identical proposition'로 그 역은 명백한 모순을 포함하고 있다.

6) 신존재 증명방법

이어서 라이프니츠는 신존재 증명을 시도한다. 『단자론』에서 그는 네 가지 종류의 신존재 증명을 시도한다. 그 첫 번째가 36장부터 39장까지 시도한 충족이유율에 따른 신존재 증명방법이다. 이를 위해 먼저 충족이유를 우연적 진리나 사실적 진리에서 찾는다. 다시 말해 피조물의 세계에 널리 퍼져 있는 사물의 연결성 혹은 연관 속에 그 충족이유가 있다는 것이다. 이때 피조물의 세계 혹은 자연의 사물들은 아주 다양하고 물체는 무한히 분할 가능하므로 어떤 각각의 이유를 갖고 분할하자면 무수히 미세한 부분까지 가능하게 된다.

문제는 이런 세세한 개별적인 원인을 분석하면 같은 방법으로 정당하고 구체적으로 선행된 다른 우연적인 원인을 포함하고 있다는 것이다. 그러므로 우리는 이런 방법으로 충분하고도 분명한 원인을 결코 찾아낼 수 없다. 그래서 라이프니츠는 한 결과에 원인을 준 이 길고 끝없는 계열이 아무리 무제한으로 계속된다고 할지라도 최종 근거나 충분한 이유는 다른 우연한 개별적 사물이나 연속 혹은 계열의 외부에 놓여 있을 수도 있거나 놓여 있다고 생각했다.

이런 관점에서 본다면 사물의 궁극적이고 근원적인 근거나 이유는 결국 필연적인 실체 안에 놓여 있을 수밖에 없다. 이 실체 안에서는 여러 가지 변화의 미세한 모든 것이 마치 원천처럼 탁월한 방식eminente Weise으로 존재하고 있다. 그래서 라이프니츠는 이러한 실체를 신이라고 부른다. 이 실체는 미세한 전체를 충족시키는 충분한 이유가 될 뿐 아니라 아무리 미세하게 여기저기 흩어져 있다고 할지라도 모든 곳과 다 관계를 맺고 있기 때문에 하나면 충분하다. 그래서 라이프니츠는 신은 오직 하나이며, 이 하나뿐인 신은 충분하고도 궁극적인 이유가 된다고 보았다.

이렇게 라이프니츠는 자연 속에 있는 사물의 충분하고 궁극적인 이유를 (특수하고 우연한 사물이 아무리 무한한 연결 혹은 연속을 갖고 있다 해도) 그 사물의 밖에서 찾았다. 이렇게 해서 모든 사물의 궁극적인 이유는 필연적인 실체여야 하고, 이 실체야말로 신이라고 불렀다. 그리고 신은 모든 특수한 것들의 여러 변화를 설명하기에 충분하므로 하나의 신만 있으면 충분한 것이다.

그뿐만 아니라 이 궁극적인 최고의 실체는 오직 하나뿐인 보편적이고도 필연적인 실체이기 때문에 그것에 의존하지 않고 독립적인 것은 아무것도 없다. 그리고 이 실체는 가능성에서 바로 현실화될 수 있는 존재이기 때문에 이 필연적 실체는 다른 어떤 제약이나 제한을 갖지도 않고 받지도 않는다. 그러므로 라이프니츠는 이 실체가 가능한 많은 실재성을 포함하고 있어야만 한다고 생각한다.

우리는 여기서 안젤무스의 '본체론적 신존재 중명방법'과 라이프니츠의 충족이유적 방법을 비교해 볼 수 있다. 안젤무스는 필연적인 존래라는 표현으로 본체론적 신존재를 말한다. 그러나 라이프니츠는 신이 필연적으로 존재하지 않으면 안 된다는 표현을 함으로써 안젤무스의 생각을 약간 수정했다. 이를 바탕으로 라이프니츠는 신의 존재를 가능성으로 확립해야 한다고 주장한다. 신이 존재할 가능성에 대해 어느 누구도 부정하지 않을 것이다. 어떤 것도 무한한 신의 존재 가능성에 대해서는 간섭할 수 없지만, 신의 가능성이 처음부터 확립되어야 한다는 것은 라이프니츠 생각이 유일하다. 이것이 바로 그의 첫 번째 신존재 방법인 충족이유에 의한 증명방법이다.

두 번째의 신존재 증명방법은 다른 철학자에게서도 찾아볼 수 있는 완전성에 의한 방법이다. 라이프니츠는 『단자론』 41장에서 '신의 완전성'을 주장한다. 그의 관점에서 완전성이란 적극적인 실재성의 현존이다. 그리고 아무런 제한이나 제약이 없는 곳, 즉 신 안에서는 완전성이란 절대적으로 무한하다. 그러므로 신으로서 최고의 실체가 가능한 많은 실재성을 포함하고 있기 때문에 신은 절대적으로 완전하다는 결론에 이른다.

바로 이러한 신의 완전성으로부터 인간을 비롯한 다른 피조물도 완전성에 이를 수 있다. 이런 신의 완전성에도 불구하고 피조물이 완전하지 못한 것은 고유한 본성에 그 이유가 있다. 바로 여기서 라이프니츠는 신과 피조물의 차이점을 강조한다.

세 번째로 라이프니츠는 『단자론』 43장부터는 영원한 진리의 실재성으로 신존재를 증명하고자 한다. 먼저 신은 존재의 근원 내지 원천일 뿐 아니라 실재적인 한에서 본질의 원천인 것이 확실하다고 주장한다. 즉 신은 모든 현실적 존재의 원천일 뿐 아니라 모든 잠재적 존재의 원천이기도 하다는 것이 그의 생각이다. 잠재적이란 가능적인 것 속에 실재하는 것이기 때문이다. 신의 오성은 영원한 진리 혹은 진리가 의존하고 있는 관념의 영역이므로, 사물의 가능성 속에 어떤 실재적인 것도 신의 오성이 없이는 불가능하기 때문이다. 그러므로 신이 없다면 사물의 실재성뿐 아니라 가능성마저도 있을 수 없게 된다.

실질적으로 본질이나 가능성 속이나 영원한 진리 속에 실재성이 존재한다면, 이 실재성이란 반드시 현실적으로 존재하는 어떤 것이고 실제적인 것의 근거를 이루고 있는 것이기 때문이다. 본질이 현실적인 존재를 포함한다는 것은 다른 말로 그것이 현실적이기 위해 단지 가능적이기만 하면 된다는 필연적인 실재성에 근거하고 있는 것이다.

네 번째의 신존재 증명방법은 '존재론적 신존재 증명방법'이다. 이 방법은 완전성과 실재성을 전제로 하고 있다. 라이프니츠는 『단자론』 45장에서 필연적 존재로서 신만이 가능적이기만 하면 반드시 필연적으로 실재적으로 존재하게 되는 특권을 갖는다고 주장한다. 따라서 한계나 부정을 포함하지 않고, 모순도 포함하지 않은 가능성을 방해할 수 있는 것은 아무것도 없다. 또한 이 사실 하나만으로 신의 실재성을 충분히 선험적a priori으로 인정해야 한다고 주장한다. 바로 신의 선험적 실재성이란 그의 주장에서 우리는 존재론적 신존재 증명을 찾아볼 수 있다.

7) 모나드의 창조와 성질

신존재에 대한 증명을 마친 라이프니츠는 『단자론』 47장부터 모나드의 창조에 관한 내용을 설명하고 있다. 먼저 자신과 데카르트철학의 차이에 대해 얘기한다.

당시 데카르트의 생각을 이어받은 사상가들은 영원한 진리는 오직 신에게만 맡겨져 있기에 자의적이고 신의 뜻에 좌우된다는 주장을 했다. 라이프니츠는 이런 진리를 우연적인 진리라고 했다. 우연적 진리의 원리는 신의 목적과 행위에 적합하거나 최선의 것을 선택하는 것이다. 하지만 라이프니츠는 우연적인 진리가 아닌 필연적인 진리를 주장한다. 필연적 진리는 영원한 진리로 신의 오성에 머무르고 오성의 내적 대상이 되는 것이기 때문에 우연적 진리처럼 신의 의지로 좌우되는 것이 아니다.

라이프니츠는 이런 관점에서 신만이 근원적인 일자─者, 혹은 단일성이며 근원적인 단순 실체라고 주장한다. 그리고 모든 창조되거나 파생된 모나드는 신의 산출물에 불과하다. 이를 번개가 쉬지 않고 순간순간 쳐 하늘이 번쩍이듯이 신성이 끊임없이 모나드를 산출하고 만들어 낸다고 해서 '전격작용電擊作用' 혹은 '전광방사電光放射, fulguration, blitzartige Ausstrahlung'라고 했다.

우리는 전광방사에서 라이프니츠만의 창조사상을 엿볼 수 있다. 번개는 한 지점에서 시작하여 갈라진다. 처음 번개가 시작되는 지점은 하나이지만 갈라짐은 수없이 많다. 즉 하나에서 수없이 많은 창조 혹은 파생이 일어남을 알 수 있다. 빛이 번쩍일 때 시작되는 바로 그 지점이 다른 모든 것이 방출되어 나오는 원초적이고 근원적인 중심이다.

우리는 라이프니츠의 전광방사와 창조를 구별해야 하며, 전광방사와 유출도 구별해야 한다. 신은 피조물을 '무'에서 창조를 통해 생산해 낸다. 이때 피조물은 창조된 이후 신과 분리되어 존재한다. 즉 창조란 신과 피조물의 분리를 통해 현실화된다. 반면 유출은 신으로부터 피조물이 나옴으로써 신과 피조물 사이에 분리가 아닌 통일이 이루어진다. 라이프니츠는 전광방사를 통해 창조와 유출을 모두 받아들이고 있는 것 같다. 전광방사는 번개처럼 처음 시작하는 지점이 있기에 무에서 창조하는 것이 아니다. 그러나 신만이 유일하며 창조되지 않은 모나드라는 점에서는 창조와 비슷하다. 그리고 번개의 시작은 하나지만 그 끝은 수없이 많다. 신과 피조물이 연결되어 있다는 점에서는 유출과도 비슷하다. 그러나 하나에서 수없이 많은 피조물이 나온다는 점에서는 유출과 다르다.

이런 특징을 가진 모나드지만 라이프니츠는 모나드의 창조나 성질에 대해 더 구체적으로는 설명하고 있지 않다. 단지 우리는 모나드가 신에게서 나왔다는 생각에 따라 모나드의 성질을 신성에서 찾아볼 수 있다. 라이프니츠는 신성을 셋으로 나눈다. 첫째는 모든 사물의 원천인 힘, 둘째는 다양한 개별적인 관념을 포함하고 있는 지성, 그리고 셋째는 항상 최선을 선택하려는 원리에 따라 변화와 생산을 가능하게 하는 의지이다. 이 세 가지 능력은 그리스도의 삼위일체사상과 일치한다. 이 세 가지 신의 능력은 창조된 모나드에게도 주어지는데, 주체Subjekt(혹은 토대Fundament), 지각능력Perzeptionsvermögen, 그리고 욕구능력Begehrungsvermögen이다. 신의 능력이 모나드에게 주어졌다고 하지만 그 완전성에 있어서는 다르다. 신의 세 가지 속성은 무한하고 완전하지만, 모나드에게 주어진 것은 모나드의 능력에 따라 (혹은 어떻게 모방하느냐에 따라) 완전성이나 무한성은 정도에 따라 다르게 나타난다.

라이프니츠는 이렇게 피조물은 자신의 능력에 따라 완전성의 정도가 정해진다고 보았다. 더 완전한 피조물은 외부에 있는 자신보다 덜 완전한 피조물에게 작용을 하고, 반대로 덜 완전한 피조물은 자신보다 더 완전한 피조물로부터 작용을 받게 된다. 이렇게 우리는 어떤 피조물이 다른 피조물보다 우월할 경우에는 능동성을 부여하고, 그 반대로 열등한 피조물에게는 수동성을 부여하게 된다. 라이프니츠는 같은 맥락에서 어떤 피조물 가운데서 다른 피조물이 일어나는 일을 선험적으로 설명하는 데 도움이 되는 것이 있다면 전자의 피조물이 후자의 피조물보다 완전하거나 영향을 주거나 작용이 미친다고 표현하고 있다.

8) 우주의 거울로서 모나드

다른 피조물과 다르게 단순한 실체인 모나드의 경우는 다르다. 어떤 모나드가 다른 모나드에게 영향을 미치는 것은 단지 관념적인 영향ideaier Einfluß만이 가능하다. 여기서 우리는 라이프니츠의 예정조화설에 관한 생각을 찾아볼 수 있다. 이 관념적 영향은 신의 매개를 통해서만 작용한다. 그래서 처음 창조된 모나드 이후 각각의 모나드는 다른 모나드만 생각하지 말고 자신도 생각하고 고려해 달라고 정당하게 요구함으로써 모든 모나드는 신의 관념적 영향 아래 놓이게 되는 것이다. 이런 모나드 간의 관념적 영향이란 곧 신이라는 매개를 통해 모든 모나드가 서로 영향을 주고받는 것을 말한다.

그리고 라이프니츠는 신의 매개란 의미를 다르게 보고 있다. 즉 모나드가 창조되기 전에 모나드의 미래에 일어날 모든 일에 대해 이미 신의 오성을 통해 조정되고 있다고 보았다. 바로 이런 입장이 그의 예정조화설이다. 창이 없는 모나드는 다른 모나드의 내부에 어떠한 물리적 영향도 행사할 수 없고, 신의 관념적 영향으로만 다른 모나드에 의존할 수 있기 때문이다.

라이프니츠는 이렇게 신의 매개를 통해서만 어떤 모나드가 다른 모나드에게 영향을 줄 수 있다고 보았다. 그리고 한 모나드가 다른 모나드에게 영향을 줄 수 있는 것도 신이 모나드의 운명을 처음부터 정할 때 그 모나드가 다른 모나드에게 영향을 줄 수 있다고 결정한 것인지도 모른다. 그러므로 모나드는 신의 관념적 영향 아래 놓여 있다.

어찌 되었든 라이프니츠는 피조물 간의 능동성과 수동성은 상호적이라고 보았다. 즉 신은 두 개의 단순 실체를 비교할 때, 하나가 다른 하나에게 순응하게 만든 근거가 있다. 즉 단순 실체 A 속에 분명하게 인식되는 것이 단순 실체 B 속에서 일어나는 것의 이유를 설명하는 데 도움이 된다면 A는 능동적이다. 반면 A 속에 일어나는 것의 이유가 B 속에 분명하게 인식되는 것이 발견된다면 A는 수동적이라고 할 수 있다. 이렇게 피조물의 능동과 수동은 상호적이다.

오늘날 우리가 많이 묻는 것 중 하나는 '우리가 살고 있는 이 세계를 중심으로 우주는 과연 하나밖에 없을까'라는 것이다. 라이프니츠는 신의 관념 안에는 무한한 수의 가능한 세계가 존재한다고 했다. 그리고 그 무한히 가능한 세계 중에서 하나의 세계만 현실적으로 존재한다. 신은 이렇게 가능한 여러 세계 중에서 하나의 현실적인 세계를 선택할 때는 그만한 이유와 근거가 충분히 있을 것이다. 그 이유 내지 근거가 무엇일까?

라이프니츠는 그 근거를 신에게 있어서 목적과 행위가 적절한가 하는 적절성과 이 세계의 완전성에서 찾았다. 모든 가능한 것은 자신이 가진 완전성에 따라 현실적 존재가 될 수 있는 권리를 요구할 수 있다고 보았기 때문이다. 물론 이때 신의 선택이 전제되지 않으면 현실적인 존재는 불가능하다. 즉 현실성이 크면 클수록 실질적으로 존재할 수 있는 욕구도 커진다.

라이프니츠의 관점에서 볼 때 신이 선택할 수 있는 가능한 세계는 무한히 많다. 그러나 그중 오직 하나만이 신의 관념을 통해 현실적으로 존재하게 된다. 이때 합목적성과 완전성이 신의 결정을 뒷받침해 준다. 이런 관점에서 볼 때 신의 창조는 결코 자유롭다고 할 수 없다. 신은 하나 이외에 다른 것은 결코 선택할 수 없다는 깊은 생각으로 창조한다. 신은 최고의 선과 지혜를 모아 스스로 그 선택을 하게 한다. 여기서 우리는 신에 의해 창조된 모든 것이 최선의 존재인 이유이며 이것에서 근거를 찾는다.

이런 이유로 모든 피조물은 각각의 피조물에 대하여, 그리고 각각의 피조물은 모든 피조물에 대하여 연결 내지 관계되어 있다. 또한 이런 연결은 단순한 실체가 각각 다른 모든 실체를 표현한다는 관계에 있음을 보여주기도 한다. 라이프니츠는 그러므로 단순한 실체는 우주를 반영하고 있고 영원히 살아 있는 '우주의 거울Spiegel des Universums'이라고 56장에서 얘기하고 있다.

비록 같은 도시라고 하여도 어디서 어떻게 보느냐에 따라 전혀 다른 도시로 보일 뿐 아니라 심지어 다양한 모습으로 보이기도 한다. 마찬가지로 무수히 많은 단순한 실체 때문에 그만큼 전혀 다른 다양한 세계가 존재한다. 그러나 세계는 하나뿐이다. 그렇다면 왜 이렇게 다양한 세계가 존재할까? 그것은 하나뿐인 세계를 서로 다른 시점에서 바라볼 때 생겨나는 단순한 실체의 다양한 모습일 뿐이다. 이런 단순한 실체의 성질에 의해 우리는 세계의 가능한 한 최고 질서와 다양한 변화를 얻게 되는 것이다. 이는 곧 가능한 한 가장 완벽한 완전성을 얻는 것과 같다.

라이프니츠는 59장에서 가장 완벽한 완전성을 얻는 것이 하나의 가정이라고 주장한다. 그리고 이 가정만이 신의 위대함을 어떤 경우보다 더 높일 수 있다고 보았다. 라이프니츠는 이렇게 우리와 세계가 단절된 것이 아니라고 주장한다. 실질적으로 도시의 다양한 모습이나 우주의 거울이라는 표현에서 우리는 여러 다른 세계에 사는 것처럼 느낀다. 이런 다양한 세계란 곧 하나의 세계가 각각의 모나드의 다양한 관점에서 보이는 여러 모습에 불과하다. 그러므로 이 세계에 살고 있는 우리는 결코 독립되어 있지 않다.

9) 영혼과 육체, 예정조화설

라이프니츠는 60장에서 새로운 의문을 던진다. 우리가 이 세계에서 일어나는 여러 가지 일이나 사물이 꼭 이런 방식으로 일어나고 다르게 일어나지 않는 것에 대해 선험적으로 알고 있다는 것이 문제다. 즉 일은 꼭 이런 방식으로 일어나고 다르게는 일어나지 않는다는 것이다. 라이프니츠는 그 이유를 역시 신에게서 찾는다. 신이 세계 전체의 질서를 정할 때 각각의 부분, 즉 개별적인 모나드에 대해 충분히 고려했기 때문이다.

그리고 모나드는 표상되어야 하기 때문에 어떤 것도 모나드를 제한해 일부만 표상되게 할 수도 없다. 더더욱 이 모나드의 표상작용은 전체 세계로 볼 때 극히 미세한 일부분이기 때문에 사물의 극히 적은 부분만 분명하게 표상할 수 있을 뿐이다. 그렇지 않고 모나드가 전체 세계를 정확하게 표상한다면 모든 모나드는 결코 신과 구별되지 않고 심지어 곧 신이 되고 말 것이다. 이렇게 모나드가 제한받는 것은 대상이 아니라 대상을 인식하고 표상하는 방법 내지 방식이다. 하지만 모든 모나드는 이러한 방법으로 무한에 이르고 전체에 이르려 한다. 라이프니츠는 이렇게 모나드가 표상 혹은 인식의 판명성 때문에 서로 제한되고 구별된다고 보았다.

바로 여기서 복합된 것이 단순한 것을 상징적으로 비슷하게 닮았음을 알 수 있다. 우리가 살고 있는 이 세계라는 공간은 완전히 꽉 차 있고, 이렇게 차 있는 물건들은 서로 어떤 방법으로든 연결되어 있다. 이렇게 공간을 채우고 있는 물건들이 운동하게 되면 거리와 관계없이 서로 영향을 준다. 모든 물체는 자신과 직접 접촉하고 있는 것으로부터 영향을 받는다. 물체 A가 물체 B와 직접 접촉을 통해 영향을 주고받는다. 그리고 물체 B는 또 다른 물체 C와 직접적인 접촉을 통해 영향을 주고받는다. 이때 물체 A는 물체 B를 통해 물체 C에서 일어나는 모든 일까지도 감지할 수 있기 때문에 물체 간의 거리는 아무런 의미가 없고, 복합된 것이든 단순한 것이든 닮았다는 것이 라이프니츠의 생각이다.

이런 관점에서 볼 때 사람은 전 우주 안에 존재하는 물체에서 일어나는 모든 것을 감지할 수 있는 것이다. 라이프니츠는 『단자론』 61장에서 '모든 것을 보는 사람der alle sieht, der Allsehende'은 현재 일어나고 있는 것뿐 아니라 시간과 공간을 초월하여 일어나는 모든 것을 감지할 수 있다고 했다. 그리고 현재까지 일어난 일과 앞으로 일어날 일도 각각의 물체 속에서 충분히 감지하고 읽어낼 수 있다고 말한다. 라이프니츠는 히포크라테스가 주장한 "만물은 함께 호흡한다sympnoia panta, σύμπνοιαπάντα"가 만물동기萬物同氣사상과 같다고 보았고, 영혼은 자기 자신 안에서 판명하게 표상되는 것만 읽을 수 있다고 생각했다.

이렇게 창조된 모나드 모두는 전 우주를 표상하고 있지만, 특히 특정 모나드를 위해 배당되고 특정 모나드를 자신의 엔텔레케이아로 하고 있는 물체 내지 육체를 더 판명하고 분명하게 표상한다. 그리고 충만한 공간 안에 있는 모든 물질은 서로 결합하여 있기 때문에 이 물체 내지 육체는 역으로 전 우주를 표상할 수 있다. 영혼은 자신의 고유한 방식으로 자신에게 속해 있는 물체 혹은 육체를 표상함으로 전 우주를 표상하게 되는 것이다. 이렇게 모든 모나드는 어쩌면 전 우주에서 일어나는 모든 것을 감독할 수 있는지도 모른다. 창조된 모나드는 이런 방법을 통해 자신 안에 있는 우주를 다시 표상한다. 전 우주의 모든 자연, 심지어 물체 자체에 이르기까지 이 상호연관성에 관계 맺고 있다.

모나드에 속해 있고 그 모나드를 자신의 엔텔레케이아 또는 영혼으로 삼고 있는 물체 혹은 육체는 영혼과 하나로 결합하여 생명체 혹은 동물이라는 것을 구성한다. 그런데 이 생명체 혹은 동물의 육체는 늘 유기적이다. 모든 모나드는 고유한 방식으로 우주를 표상하는 거울이기 때문이다. 그뿐만 아니라 우주는 완전한 질서에 따라 규정되어 있기 때문에 표상하는 쪽에서 볼 때 질서는 완벽하게 보이는 것이다. 즉 영혼이 우주를 표현하고 표상함에 있어서 그 수단이 되는 육체 안에도 반드시 질서가 있다는 것이다.

이런 관점에서 라이프니츠는 64장에서 모든 생명체 혹은 동물의 유기적인 육체는 신의 기계라고 보았다. 혹은 인간이 만든 어떤 인공적인 기계보다 더 우월하고 성능이 뛰어난 자연적인 자연기계라고 할 수 있다. 사람의 기술로 만들어진 인공적인 기계의 부품 하나하나는 기계라고 할 수가 없기 때문이다. 예를 들어서 인간이 만든 톱니바퀴의 경우 바퀴 하나하나는 기계가 아니라 단지 부품에 불과하다. 그리고 이 바퀴가 톱니와 함께 결합되지 않는다면 아무런 용도로도 쓰이지 않는다. 그러나 생명체나 동물은 그 부분이 아무리 무한으로 나누어져 수많은 부분이 되어도 역시 기계로서의 역할을 할 수 있다. 이렇게 자연의 기계는 우리가 아무리 작은 부분으로 나누어도 기계의 역할을 한다. 이는 자연의 아무리 작은 부분도 그 자체로 하나의 무한한 세계라는 의미를 지닌다. 바로 여기서 라이프니츠는 자연과 인공적인 것, 즉 신의 손과 인간의 손에 의해서 만들어진 것에 대한 기술의 차이를 말하고 있다.

자연의 창조자만이 이 신적이고 (무한한 사람으로서는 도저히 이해할 수 없는) 불가사의한 기술을 발휘하여 훌륭한 예술품을 창조할 수 있다. 고대로부터 물질은 무한히 나누어진다는 것에 대부분 철학자뿐 아니라 사상가가 동의하고 있다. 물질은 이렇게 무한히 분할될 가능성을 갖고 있을 뿐 아니라 실질적으로 그렇게 나누어지고 있다. 라이프니츠는 이렇게 나누어진 한 부분은 다시 또 나누어지고 각각 고유한 운동을 하고 있다는 것도 부인할 수 없는 것이라고 주장한다. 이렇게 함으로써 물질의 각 부분은 전 우주를 표현할 수 있다. 바로 66장에서 라이프니츠는 물질의 가장 작은 부분 속에 피조물의 세계, 생명체의 세계, 동물의 세계, 엔델레케이아의 세계, 그리고 영혼의 세계가 존재하고 있음을 안다고 주장한다.

라이프니츠는 이렇게 물질의 각 부분으로 가득 차 있는 것을 식물로 가득 찬 정원이나 물고기로 가득 찬 연못에 비유했다. 이때 정원에 심어져 있는 나무 한 그루에 붙어 있는 한 개의 나뭇가지나 연못에 있는 물고기의 비늘 하나도 곧 정원이며 연못이라고 하였다. 마찬가지로 정원을 구성하는 흙, 나무를 자라게 하는 공기와 수분은 정원의 나무는 아니지만 식물을 포함하고 있으며, 물고기가 노니는 물도 비록 물고기는 아니지만 물고기를 포함하고 있다. 이렇게 우리가 감각으로 구별하지 못할 정도로 미세한 부분까지도 포함되어 하나의 사물을 만들어 내고 있다.

이렇게 세세한 것까지 하나가 되어 정원을 구성하고 연못을 구성하고 있다. 그러나 우리가 조금 멀리 떨어져 정원이나 연못을 보면 연못 안에 있는 물고기는 사실 잘 보이지 않는다. 이때 우리가 볼 수 있는 것은 물결을 통해 알 수 있는 물고기의 정확하지 않은 움직임이며 '물고기의 집단이 먹이를 찾아 이리 저리 몰려다니는구나' 하는 정도만 추측할 뿐이다. 이렇게 우리는 조금만 관찰하고자 하는 사물에서 멀어지면 혼동하고 집단과 운동만을 볼 수 있다. 하지만 이런 것들은 단지 외관상 그렇다는 것을 우리는 너무나 잘 안다. 실질적으로 연못 안에는 물고기들의 분명한 움직임과 모습이 존재하고 있다. 마찬가지로 실질적으로 우주 안에는 우리가 보지 못하고 알지 못하는 혼돈이나 혼란이 존재하는 것이 아니라 질서정연한 우주의 실질적인 모습으로 가득 차 있다는 것이 라이프니츠의 생각이다.

이런 관점에서 우리가 알 수 있는 것은 살아 있는 모든 육체에는 그것을 지배하는 엔텔레케이아가 있다는 사실이다. 라이프니츠는 이 지배적인 엔텔레케이아를 동물에게 있어서는 영혼이라고 규정한다. 이와 동시에 살아 있는 생명체나 동물의 각 부분은 또 다시 다른 생명체, 식물, 동물로 가득 차 있고, 이 하나하나는 다시 그의 지배적인 영혼을 가지고 있는 것이다.

이 주장은 쉽게 이해가 가지 않는 부분도 있다. 하지만 라이프니츠가 여기서 주장하고 싶은 것은 창조된 모든 모나드는 신처럼 혼자 독립적으로 존재하는 것이 아니라 하나의 우월한 모나드와 여러 개의 열등한 모나드가 결합되어 하나의 공동체를 이루고 있다는 것을 설명하기 위한 것이다.

10) 영혼과 예정조화

라이프니츠는 지배적인 엔텔레케이아를 동물의 영혼으로 규정한 다음 『단자론』 71장부터 영혼이 무엇인가에 대해 설명한다. 이 부분에서 라이프니츠는 스스로 다른 철학자들이 자신을 많이 오해하고 있다고 얘기한다. 개개의 영혼에는 그 영혼의 용도에 맞게 영원히 주어진 물질적인 덩어리, 즉 육체가 주어져 있다. 그리고 이 육체는 하등동물처럼 영혼을 봉사하는 것처럼 여겨진다고 한다. 하지만 라이프니츠는 이렇게 영혼과 육체의 관계를 생각해서는 안 된다고 보았다. 즉 모든 육체는 강처럼 흐르는 유동성의 성질을 갖고 있다. 그래서 육체를 구성하고 있는 부분들은 늘 육체 속으로 들어가기도 하지만 나오기도 한다. 만약 영혼이 육체의 일부분이라면 영혼 역시 육체 속에 들어갔다 나갔다 하는 것이다. 이런 관점에서 본다면 영혼과 육체의 관계는 늘 같은 육체와 영혼이 결합하고 있는 것이 아니라 하나의 영속적인 영혼에 항상 다른 육체가 끊임없이 결합하였다가 해체되는 과정을 밟는다.

이렇게 라이프니츠는 영혼이 점차 자신의 육체 내지 신체를 바꾼다고 생각했다. 그러므로 한꺼번에 육체의 모든 것을 잃어버리지는 않는다. 그래서 라이프니츠는 플라톤이나 피타고라스처럼 윤회사상을 주장하는 것이 아니라 변형사상을 주장한다. 즉 동물에게는 영혼의 변형 혹은 변태Metamorphose, metamorphosis가 일어나지만 결코 영혼의 윤회Metempsychose, metempsychosis는 일어나지 않는다는 것이다. 그렇기 때문에 육체와 완전히 분리된 영혼이란 존재할 수가 없다. 그뿐만 아니라 육체를 가지지 않은 이성적 정신 혹은 영혼도 있을 수 없다. 만약이런 것이 있다면 그것은 신에게만 허용되어 있다. 즉 신만이 완전히 육체로부터 영혼이 분리되어 있다.

이런 라이프니츠의 영혼사상에 따르면 전적으로 새로운 탄생이나 엄밀한 의미에서 죽음도 없다. 우리기 일반적으로 알고 있는 죽음은 육체로부터 영혼의 완전한 분리를 의미한다. 그러나 라이프니츠는 탄생이라는 것을 밖으로 퍼지거나 증대하는 발전과 성장으로 보았으며, 죽음을 안으로 오그라드는 것 혹은 감소와 퇴화라고 보았다. 이 관점에서 본다면 탄생이란 작은 생명체가 큰 생명체로 변하는 것이다. 즉 정자와 난자라는 작은 생명체가 사람이라는 큰 생명체로 변하는 것이다. 그리고 감소와 퇴화란 큰 생명체에서 작은 생명체로 변하는 것이다. 사람은 죽음으로 육체가 분해되고 영혼은 또 다른 육체 속으로 들어간다. 즉 큰 생명체인 사람이 작은 생명체인 영혼과 같은 방법으로 변하는 것을 라이프니츠는 죽음이라고 본 것이다. 그러므로 그에게는 진정한 의미의 탄생도 완전한 죽음도 없는 것이다.

라이프니츠는 일반적으로 고대로부터 자신의 시대에 이르기까지 철학자들은 형상, 육체와 결합되어 있는 엔텔레케이아, 혹은 영혼의 근원에 관해 설명할 때마다 힘들어 머리를 싸맨다고 했다. 그러나 라이프니츠 시대에는 그나마 발달한 과학 덕분에 식물, 곤충, 혹은 동물에 관한 정밀하고도 더 구체적인 연구로 자연의 유기체가 혼돈chaos이나 부패의 산물이 아니라 반드시 씨앗 혹은 정자Samen에 의해 생긴다는 것을 알게 되었다. 그뿐만 아니라 이 정자 속에는 형상화되기 전에 무엇인가 형태가 잡힌 것이 포함되어 있는데, 이것을 라이프니츠는 사전형성preformation, Präformation이라고 했다.

이런 주장이 아니라도 당시 사람들은 이미 동물의 정자 속이나 식물의 씨앗 속에 들어 있는 축약된 어떤 것이 점점 크게 펼쳐지면서 자란다고 믿고 있었다. 이 정자 속에는 유기체적인 육체만 들어 있는 것이 아니라 육체 안의 영혼도 들어 있다는 것이 라이프니츠의 생각이다. 즉 이 정자 속에는 너무 작아 육안으로 확인이 불가능하지만 동물 전체가 들어 있다는 것이다. 그리고 이 정자는 난자를 만나 수정함으로 더 큰 동물이 될 수 있는 능력을 얻게 된다. 정자 속에 이미 영혼이 들어 있다고 보았기 때문에 정자와 난자가 수정하는 순간 생명체가 형성된다는 오늘날 과학의 입장과는 조금 다른 생각을 했다.

이와 비슷한 것으로 구더기가 파리가 되고, 배추벌레가 나비가 되는 것에서도 그 예를 찾았다. 이들 동물의 세계에서 어떤 동물들은 수정을 통해 더 큰 동물의 세계에 이를 수 있다. 이런 동물을 라이프니츠는 75장에서 '정충spermatic, Samentiere'이라 불렀다. 이 정충이 수정하냐 하지 못하느냐에 따라 그 역할 무대가 달라진다. 소수이긴 하지만 수정을 한 정충은 더 큰 무대로 나아간다. 그러나 수정을 하지 못한 대부분의 정충은 그냥 사라지거나 소멸하는 것이 아니라 자신이 속해 있는 무대 안에서 번식하고 증가하다가 사라진다.

라이프니츠는 정충 속에도 영혼이 있다고 보았기 때문에 그들이 수정하지 못해도 그냥 사라지는 것이 아니라 나름대로 어떤 변화를 겪은 다음 사라진다고 생각한 것 같다. 이러한 라이프니츠의 생각은 오늘날 과학에서는 더 이상 받아들여지지 않는다는 것을 우리는 잘 알고 있다. 그리고 라이프니츠도 이러한 사실을 알았는지 자신의 주장은 완전한 진리가 아니라 단지 절반만 옳은 것이라 생각한다. 이는 곧 자신과 다른 생각을 가진 과학자들의 주장도 많은 부분 옳다는 것을 열어둔 건해로 보인다.

이런 건해를 통해 동물이 자연과정에서 생성된 것이 아니라면 자연과정에서 사라지지도 않을 것이며, 엄밀한 의미에서 죽음도 없다고 한 그의 주장을 우리는 충분히 이해할 수 있다. 라이프니츠 자신은 이 견해를 선험적으로 연역하였지만 과학이 경험을 통해 후험적으로 증명해 주었다고 확신하고 있다. 그러므로 그는 영원불멸이며 파괴가 불가능한 우주의 거울인 영혼뿐 아니라 동물 그 자체도 파괴가 불가능하다고 생각한다. 물론 육체라는 기계 일부분이 가끔 파괴되기도 하고 유기체적인 육체를 벗거나 새로 갈아입기도 하지만 엄밀한 의미에서 영원한 파괴란 없는 것이다.

라이프니츠는 『단자론』에서 모두 세 가지의 예정조화를 주장한다. 그 첫 번째는 78장에 나타나 있다. 이상의 원리를 바탕으로 영혼과 유기체적인 육체와의 조화Vereinigung 내지 일치 Übereinstimmung를 자연스럽게 설명할 수 있다고 한다. 영혼은 자신만의 고유한 법칙을 갖고 따르듯이 육체도 자신만의 법칙을 갖고 따르긴 마찬가지다. 이렇게 각자 자신만의 법칙을 갖고 따르지만, 영혼과 육체가 일치하는 이유는 모든 실체 가운데 존재하고 있는 예정조화the pre-established harmony, die prästabili-erte Harmonie 때문이라고 주장한다. 바로 이것이 라이프니츠가 『단자론』에서 주장하는 첫 번째 예정조화인 영혼과 육체의 조화이다. 그리고 영혼과 육체의 예정조화가 가능한 것도 어떤 실체도 모두 같은 하나의 우주를 표현하는 것 이외는 아무것도 아니기 때문이다.

라이프니츠는 이렇게 영혼과 육체가 조화를 이루는 이유를 우주의 조화에서 찾고 있다. 우주 안에는 수 없이 많은 모나드가 있다. 그리고 이 모나드의 총체는 하나의 우주와 같다. 이렇게 모나드가 지각을 통해 자신들의 총체가 하나의 우주와 같다고 여기는 것을 우주와 지각의 예정조화라고 한다. 어떤 철학자는 바로 이 우주와 지각의 예정조화를 기본 예정조화라고 한다. 하지만 이것을 또 다른 하나의 예정조화로 보고 라이프니츠의 예정조화의 종류는 셋이 아니라 넷이라고 표현하는 철학자도 있다. 어느 경우든 우주와 지각 사이의 예정조화는 라이프니츠의 예정조화로 인정되고 있다.

두 번째 예정조화는 『단자론』 79장에 설명되어 있다. 즉 라이프니츠에 따르면 영혼은 목적인目的因의 법칙에 따라 욕구, 목적 그리고 수단을 통해 작용한다. 반면 육체는 작용인作用因 혹은 동력인動力因의 법칙에 따른다. 이렇게 작용인 내지 동력인과 목적인이라는 두 왕국은 서로 조화를 이루고 있다. 이렇게 라이프니츠의 두 번째 예정조화는 작용인 내지 동력인과 목적인의 예정조화이다.

라이프니츠에 따르면 데카르트가 영혼이 육체에 어떠한 힘도 줄 수 없다고 생각했다고 한다. 데카르트는 물질 안에는 항상 같은 힘이 작용한다고 믿었기 때문이다. 하지만 데카르트는 영혼이 육체의 운동방향을 마음대로 변화시킬 수 있다고 믿었다. 라이프니츠는 그 이유를 데카르트 시대에는 물질의 정신과 육체 사이의 쌍방향 운동량보존법칙이 완벽하게 완성되지 않았기 때문이라고 보았다. 그래서 데카르트는 정신이 운동량보존법칙에 어기지 않고 육체의 운동방향을 바꿀 수 있다고 믿었다는 것이다. 하지만 라이프니츠는 이런 데카르트의 생각에 오류가 있었다고 주장한다. 그리고 데카르트가 만약 이런 오류를 저지르지 않았다면 자신보다 먼저 예정조화체계System der prästabilierten Harmonie를 완성했을 것이라고 라이프니츠는 생각한다.

11) 신만이 육체를 지니지 않는다

라이프니츠는 두 개의 예정조화에 관한 설명을 한 다음 81

장부터 신과 육체의 관계에 관해 설명한다. 이어서 세 번째 예정조화를 설명하기 위해 신의 왕국에 관한 얘기로 넘어간다. 자신의 예정조화체계에 따르면 불가능한 전제이긴 하지만 육체는 마치 영혼이 전혀 존재하지 않는 것처럼 작용하고, 영혼도 마치 육체가 없는 것처럼 작용한다. 이렇게 영혼과 육체는 서로 없는 것처럼 작용하지만, 이 둘은 마치 서로 영향을 미치는 것처럼 작용하고 있다.

라이프니츠는 정신과 이성적 영혼의 관점에서 볼 때 모든 생명체나 동물들은 근본적으로 같다고 생각한다. 왜냐하면 동물이든 영혼이든 세계와 함께 생성하고 소멸하기 때문이다. 이 이성적인 생명체나 동물의 작은 정충들이 정충으로 머물고 있는 한 감각적인 영혼만을 갖고 있다. 그러나 이 작은 정충 중에서 선택된 정충이 실질적인 수정을 통해 인간적인 본성을 얻게 된다면, 정충으로 있을 때 갖고 있던 감각적인 영혼은 이성의 단계로 올라가거나 정신의 무대로 나아가는 특권을 누리게 되는 것이다.

여기서 라이프니츠는 일반적인 영혼과 이성적인 정신을 구별하고자 한다. 또한 인간과 동물 혹은 식물을 구별하였다.

라이프니츠는 정충 혹은 씨앗 속에는 장차 존재할 모든 것이 담겨 있다고 했다. 이때 장차 인간의 성질을 가지게 될 정신만이 정충이나 씨앗 속에 이성을 포함했다는 것이기 때문이다. 즉 일반적인 영혼과 이성적인 정신만이 앞으로 존재하게 될 인간의 형태를 갖게 미리 조치되어 있다는 것이다.

이렇게 라이프니츠는 일반적인 영혼과 이성적인 정신에 대해 많이 구별했다. 그 외에 추가로 83장에서 한 가지 더 구별하고 있다. 즉 일반적으로 영혼은 피조물로 구성된 이 우주의 살아 있는 거울이거나 닮은 모습이지만, 정신은 영혼에서 한 발 더 나아가 신 그 자체 혹은 자연의 창조자의 모습을 닮았다. 자연의 창조자인 신 자체를 닮은 정신은 신만큼은 아니더라도 우주의 체계를 인식할 수 있는 것은 기본이고 신이 우주를 구축할 때 사용한 설계도에 따라 우주를 얼마만큼은 모방하여 구축할 수 있는 능력도 갖추고 있다. 이런 점에서 라이프니츠는 정신을 자신의 영역에서 하나의 작은 신과 같다고 보았다.

이렇게 함으로 이성적인 정신은 신과 함께 공존관계를 유지하면서 공동체를 구성할 수 있게 되었다. 그러므로 신과 이성적 정신의 관계는 단지 발명가와 기계의 관계를 넘어 특별하다. 이 둘의 관계는 신과 피조물의 관계를 거치지 않고 임금과 신하의 관계, 혹은 아버지와 아들의 관계와 같은 존재로 바뀌었다.

이런 이성적 존재가 모이면 어떻게 될까? 라이프니츠는 이런 이성적 존재가 모이면 '신의 나라'가 된다고 했다. 즉 이성적 정신이 모인 신의 나라야말로 가장 완전하고 완벽한 군주가 다스리는 한 가장 완전하고 완벽한 국가가 형성된다는 결론을 이끌어낸다.

라이프니츠는 영혼의 기원에 대해서는 이성적 정신만큼 정확하게 표현하고 있지 않다. 『단자론』 83장부터 85장까지 주장한 것처럼 이성적 정신은 신을 닮아 창조되었기 때문에 신의 종족이며 가족과 같다. 이성적 정신은 신의 성질을 닮았기 때문에 모방할 수도 있고 신이 우주를 설계했던 것처럼 정신도 그 설계도에 따라 우주를 설계할 수도 있다. 그뿐만 아니라 정신은 신의 방식에 따라 우주를 다스릴 수도 있다. 그러므로 이런 이성적 정신이 모인 신국이야말로 가장 완벽하고 완전한 국가가 될 수밖에 없다. 여기서 한 가지 간과해서 안

되는 것은 라이프니츠의 신국은 종교인을 위한 국가가 아니라 모든 사람을 위한 국가라는 것이다. 이성적 정신은 종교인뿐 아니라 다른 모든 사람도 가진 것이기 때문이다.

바로 이런 관점에서 신국, 즉 참되고 보편적인 왕국은 자연의 세계 안에 있는 가장 도덕적인 세계다. 그뿐만 아니라 이 신국은 신의 작품 중에서도 가장 빼어나고 가장 고귀하고 가장 신적인 작품이다. 그러므로 이 신국 안에서야말로 진정한 신의 영광이 존재하고 있는 것이다. 그리고 이 신의 영광은 이성적 정신이 신의 위대함과 선의를 인식하고 늘 찬미 찬송할 때만 드러난다. 물론 신의 지혜와 신의 힘이 우주 모든 곳에 나타나고 깔려 있지만, 신이 선한 의지를 갖고 베푸는 것은 단지 신국에 관련된 모든 것에만 국한되어 있다.

라이프니츠는 (『단자론』 79장에서 작용인과 목적인의 예정조화를 설명할 때와 같이) 바로 이 신국에서 물리적인 자연의 왕국과 도덕적인 은총의 왕국 사이에 조화를 87장에서 설명하고 있다. 라이프니츠는 우주라는 기계의 기술자로서 신과 이성적 정신이 사는 신의 나라인 신국의 군주로서 신 사이에 예정조화를 찾았던 것이다. 그리고 우리는 이 조화를 작용인과 목적인의 조화를 인정하듯이 인정할 수밖에 없다. 이것이 바로 『단자론』
에 나타나는 세 번째 예정조화인 '자연의 왕국'과 '은총의 왕
국' 사이의 예정조화이다.

이 세 번째 예정조화를 통해 세계 내의 모든 만물인 자연물
들은 바로 자연이라는 길을 통해 은총에까지 이르게 된다. 예
를 들어 이성적 정신의 지배자 내지 통치자는 어떤 정신에게
는 벌을 주고 또 다른 어떤 정신에게는 보상을 주는 등 정신적
인 관리를 한다. 이럴 때마다 지구는 자연의 길을 통해 파괴
되기도 하고 다시 복구되기도 하는 것이다.

바로 여기서 우리는 라이프니츠의 선악에 대한 벌과 보상
문제를 볼 수 있다. 즉 『단자론』 마지막 3장에서 바로 벌과 보
상의 문제를 다루고 있다. 건축가로서의 신은 입법자로서의
신을 어떤 방법을 통해서도 만족시킨다. 그러므로 죄는 자연
의 질서와 만물의 기계론적인 구조를 통해 그에 맞는 벌을 받
게 되어 있다. 죄에 대한 벌이 있다면 선한 행위에 대한 보상
도 필요하기 때문에 선한 행위를 한 기계론적인 육체에 대해
서는 그에 합당한 보상이 주어지는 것은 당연하다. 물론 이때
벌과 보상은 바로 내려질 수도 있다. 그렇다고 꼭 그렇게 바

로 내려질 이유는 전혀 없다.

이런 관점에서 본다면 이성적 정신을 지배하는 통치자의 지배 아래에서는 선한 행위에 대한 보상이 없다는 것은 상상도 할 수 없다. 마찬가지로 악한 행동에 대한 벌도 마땅히 내려진다는 것을 우리는 꼭 기억하고 있어야 한다. 이렇게 함으로써 모든 것이 선한 것으로 끝날 수 있기 때문이다. 또한 이 위대한 신국에 사는 사람들은 어떤 불평도 하지 않게 된다. 그뿐만 아니라 이 사람들은 자신의 의무를 다한 다음 신의 섭리를 믿고 따른다. 이들은 자신의 창조자인 신을 너무나 사랑한 나머지 스스로 신처럼 되려고 흉내낸다. 그리고 이런 사람들은 자신이 사랑하는 사람의 행복을 보면서 스스로 기쁨을 느낀다. 이들은 순수한 사랑의 참된 본성에 따라 창조주가 가진 여러 가지의 완전성을 보고 그것을 따라하면서 스스로 즐거워한다.

신국에 사는 사람들은 이런 생각을 하고 있기 때문에 현명하고 지혜로운 사람들은 신의 뜻을 미루어 짐작한 다음 합당하다고 판단이 되면 우선 실행에 옮긴다. 그러나 자신의 개별적인 일에 대해서는 미루어 짐작할 수 없어도 결과가 좋게 나타난 경우에는 흔쾌히 만족한다. 만약 우리가 우주의 질서를 이해할 수 있는 충분한 능력이 있다면 어떤 현명한 사람이 가진 능력보다 더 훌륭한 능력이 될 것이다. 하지만 우리는 우주의 질서를 알지 못하기 때문에 현실적으로 더 좋은 상태를 만들 수 없다는 것을 너무나 잘 알고 있다. 그래서 현실을 더 좋은 것으로 만드는 것은 불가능하다는 것도 잘 안다.

그래서 우리는 현실적으로 나타나는 것, 즉 현실이 최선이라고 생각할 수도 있다. 하지만 라이프니츠의 생각은 다르다. 이성적 정신으로서 우리는 만물의 창조자인 신과의 관계를 잊어서는 안 된다. 즉 신은 우리의 동력인으로서의 연관관계 외에도 우리의 군주이기도 하다. 우리의 군주로서 신은 우리 인간의 의지의 목표이기 때문에 우리는 방황할 필요가 없다. 이때 우리는 그로 인해 행복을 느끼게 된다. 그리고 목적인으로서의 신은 우리 한 사람 한 사람에게 현실이 최선이라는 사실을 일러 주는 것이기도 하다. 즉 우리는 신이 특별히 우리를 위해서만 현재의 세계를 더 잘 창조하거나 만들어 준다는 것은 불가능하다는 것을 잘 알고 있기 때문이다.

라이프니츠는 유일하게 신이라는 특수한 모나드가 다른 물체 혹은 실체와 다르게 육체가 없다고 주장한다. 자연적인 실체의 생성소멸은 갑자기 일어나는 것이 아니라 점진적으로 천천히 생기고 사라진다. 영혼과 육체가 결합한 모든 자연적인 실체는 자신들의 법칙에 따른다. 이렇게 자신의 법칙에 따라 다양한 모습으로 나타나는 육체와 정신의 법칙에도 불구하고 이들은 신이 미리 정해 놓은 예정조화에 따르게 되어 있다는 것이 라이프니츠의 생각이다.

라이프니츠의 예정조화는 종교에서 주장하는 숙명론 내지 운명론과 크게 다르지 않다. 어쩌면 라이프니츠만의 철학적인 해석인지도 모른다. 어찌 되었든 라이프니츠는 영혼이란 목적인의 법칙에 따라, 육체는 작용인에 따라 활동한다고 보았다. 하지만 이 두 영역은 신의 설계에 따라 서로 조화를 이루고 있다.

라이프니츠의 이성적 정신은 신과 화합할 수 있는 어떤 것이다. 그러므로 이 정신이 신의 왕국을 건설하는데, 이것이 바로 자연 속의 도덕적인 은총의 왕국이다. 이 신의 왕국과 은총의 왕국도 육체와 정신처럼 완전한 조화를 이루고 있다. 사람들은 이런 조화 속에서도 현재보다 나은 세계나 왕국을 원한다. 하지만 라이프니츠에 따르면 현재보다 더 완벽하고 완전한 세계는 만들어질 수도 없고, 만들어지지도 않는다.

이상이 라이프니츠가 『단자론』에서 주장하는 내용이다. 잘 알려진 것처럼 『단자론』은 라이프니츠가 자신의 모든 철학을 시와 같이 간단하게 표현한 것이다. 그래서 그런지 『단자론』은 라이프니츠의 다른 저서처럼 한 가지 주제로 완벽하게 저술된 책이 아니다. 내용도 전체적으로 한 가지 주제로 연관성 있게 구성되어 있지도 않고 깊이 있게 다루지도 않았다. 이 한 권의 책에 여러 가지 다양한 학설을 담다 보니 생긴 문제일 것이다. 하지만 우리는 이 저서를 통해 라이프니츠의 두 가지 사상을 분명히 알 수 있다. 하나는 모나드에 대한 것이고 다른 하나는 예정조화체계이다.

7

『자연과 은총의 이성적 원리』에
대하여

라이프니츠는 1714년 『단자론』과 비슷한 시기에 빈에서 프랑스어로 『자연과 은총의 이성적 원리*Principes de la nature et de la Grâce fondés en raison, Die Vernunftprinzipien der Natur und der Gnade*』를 발표하였다. 라이프니츠가 『단자론』을 레몽과 그의 친구들을 위해 서술하였듯이 『자연과 은총의 이성적 원리』를 유럽 역사에서 가장 탁월하며, 성공적인 군사 지도자 중 한 사람이었던 사부아 카리냥의 프랑수아 외젠*François-Eugène de Savoie-Carignan, 1663-1736*공을 위해 저술하였다. 당시 외젠은 빈에 머물면서 전쟁보다 학문에 깊이 빠져 있었다. 외젠은 라이프니츠의 이 저서를 받고 너무 기쁜 나머지 누구에게도 보여주지 않고 자신의 서고 깊은 곳에 숨겨두고 읽었다고 한다.

『자연과 은총의 이성적 원리』도 『단자론』과 비슷한 내용과 분량으로 저술되었다. 후자가 90장으로 구성된 반면 선사는 18장으로 장수는 적긴 해도 그 내용이나 분량은 비슷하다. 그래서 『자연과 은총의 이성적 원리』가 『단자론』이라는 얘기가 나올 정도로 이 두 권의 책은 처음부터 혼동되었다. 『단자론』이 모나드와 예정조화에 초점을 두고 저술된 반면, 『자연과 은총의 이성적 원리』는 실체에 대해 많이 논의된 것이 차이라면 차이라고 할 수 있다.

1
실체로서 모나드

라이프니츠는 『자연과 은총의 이성적 원리』 첫 장에서 실체에 대해서 가장 먼저 정의한다. 즉 실체는 활동이 가능한 존재다. 그리고 이 실체는 어떠한 부분도 갖고 있지 않은 단순한 실체와 단순한 실체 혹은 모나드들이 모여 하나의 실체를 이루는 복합적 실체로 나누어진다. 특히 복합적 실체는 이 세상에 복합적 사물이나 복합적 물체로 나타난다. 그리고 이 복합적 사물이나 물체는 하나가 아니라 여럿으로 이루어져 있다. 반면 단순한 실체, 생명체, 영혼 혹은 정신들은 모두 하나다. 라이프니츠는 복합적인 것은 단순한 것이 쌓어 이루어진다고 보았기 때문에 (단순한 것이 없다면 복합적인 것은 있을 수 없기 때문에) 이 세계 혹은 우주 모든 곳에 단순한 실체가 존재할 수밖에 없다고 주장한다. 그래서 전 세계나 우주 혹은 자연은 생명으로 가득 차 있을 수밖에 없다.

라이프니츠는 2장에서 모나드의 특징에 관해서 설명하고 있다. 모나드는 어떠한 부분도 갖고 있지 않기 때문에 생성될 수도 없고 그렇다고 소멸하는 것도 아니다. 그뿐만 아니라 모나드는 자연의 모든 변화과정 중에서 시작도 없으며 끝도 없다. 그래서 변화는 하지만 소멸하지 않기 때문에 우주가 존재하는 한 계속 존재하는 것이 모나드다. 물론 모나드는 형태도 없다. 형태란 어떤 모양을 말한다. 하나의 모양은 여러 부분이 모여서 만들어낸다. 그래서 형태는 부분을 가진다. 그런데 모나드는 부분이 없다고 했기 때문에 형태도 없는 것이다.

그렇다면 어떻게 모나드는 구별될까? 라이프니츠에 따르면 모나드는 그 자체로 볼 때 다른 것 안에 도저히 있을 수 없는 내적 특성과 활동을 갖고 있다고 한다. 바로 내적 특성과 활동은 한 모나드와 다른 모나드를 구별하는 가장 좋은 방법이다. 그 외에도 모나드는 자신의 외부에 존재하는 것을 표현하려는 지각을 갖고 있으며, 지각에서 다른 지각으로 이행하려는 변화의 원리와 욕구가 있다. 바로 이런 것이 모나드 사이에 구별될 수 있는 것이라고 라이프니츠는 보았다.

원 모양의 중심을 한번 생각해 보자. 이 중심은 아주 단순하지만 원 안에는 직선이 만들어 내는 수없이 많은 다양한 각도가 존재하고 있다. 이 원 모양의 중심은 단순하지만 다양한 각도와 동일함을 알 수 있다. 이와 마찬가지로 실체의 단순성이 내부는 단순하지만 외부 사물과는 다양성 관계를 맺으며 동일하게 존재하고 있다.

라이프니츠는 자연이나 우주가 가득 차 있는 것을 여러 번 강조하고 있다. 3장에서도 강조하고 있다. 실질적으로 자연을 채우고 있는 것들은 고유의 활동을 통해 끊임없이 서로의 관계를 변화시키면서 모나드끼리 구별되는 단순한 실체들이 존재하고 있다. 이런 모나드 중에도 뛰어난 모나드가 있다. 먼저 동물처럼 복합된 실체는 이런 뛰어난 모나드를 중심으로 모인다. 이런 모나드를 단순한 실체 내지 탁월한 모나드 혹은 중심모나드Zentralmonade라고 한다. 모나드는 외부를 표상하는 성질을 갖고 있다. 바로 중심모나드가 중심이 되어 외부의 다른 사물들을 표상할 때, 이 중심모나드는 고유한 육체der eigentliche Körper를 갖게 된다. 이때 중심모나드는 다른 모나드로 이루어진 복합된 집단에 의해 둘러싸여 있다.

모나드는 창이 없기 때문에 외부로부터 무엇을 받아들여 내부에서 변하는 경우가 없다. 결국 모나드는 외부의 표상을 통해 내부에서 스스로 변하는 것이다. 모나드는 외부와 전혀 무관하게 내부의 원리에 따라 변하고 반응하고 형성된다. 이것이 바로 예정조화다. 라이프니츠는 외부에 둘러싸여 있는 이 모나드가 만들어질 때 이미 외부의 표상에 따라 자극받고 스스로 내부에서 변화될 수 있게 정해져 있다고 한다.

고유한 육체는 내부에서 스스로 외부를 지각하기 시작한다. 이런 지각은 육체 내부에 있는 어떤 것에 의해 이루어지는데, 라이프니츠는 이것을 기계라고 했다. 이 기계는 육체 외부의 아주 작은 것에서부터 전체까지 지각할 수 있다. 이렇게 육체 내부의 작은 것 하나까지도 기계로 이루어져 있다. 그리고 육체는 외부를 자동으로 지각하는데 라이프니츠는 이것을 자동기계 혹은 자연적 기계라 하고, 이런 육체를 유기체적인 육체der organische Körper라고 했다.

전 우주 혹은 세계는 빈틈없이 꽉 차 있기 때문에 우주 내의 모든 것은 결합되어 있을 뿐 아니라 서로 영향을 주고받기 때문에 서로 간에 반작용이 있을 수밖에 없다. 모든 모나드는 서로 결합하고 반작용하기 때문에 자신의 방식에 따라 자신을 표현한다. 그리고 예정조화에 따라 모나드의 내부는 우주 자체와 동일하게 규정되어 있다. 이렇게 모나드의 내적 활동은 자신과 동일하게 규정되어 있는 우주 자체의 활동이라 해도 무관할 것이다. 여기서 우리는 라이프니츠의 모나드가 우주의 거울이라는 주장에 동의한다.

어떻게 모나드 내부에 지각이 생기는가? 라이프니츠는 모나드 내부에 있는 지각들은 규칙성과 관계없이 욕구, 선과 악의 목적에 따라 생긴다고 했다. 즉 목적인 법칙에 따라 모나드 내부의 지각이 생기는 것이다. 이는 마치 물체의 변화와 외부에 있는 현상들이 운동법칙 혹은 작용인 법칙에 따라 생기는 것과 다르지 않다. 이렇게 모나드의 지각과 물체의 운동 사이에는 처음부터 작용인의 법칙과 목적인의 법칙이 완전하게 예정되어 있고 조화를 이루고 있다. 물론 모나드는 창이 없고 외부의 영향을 받지 않기 때문에 물체의 운동에 영향을 받는 것은 아니다.

라이프니츠는 4장에서 모나드가 자신의 고유한 육체와 살아 있는 실체로 형성되었다고 주장한다. 그렇기 때문에 모나드는 모든 곳에 지체Glieder 혹은 기관Organ들과 결합하여 존재하는데 이 가운데는 열등한 모나드도 있지만 우월한 모나드도 있다. 그래서 모나드들은 모두 나름대로 등급이 있다. 그런데 돋보기를 통해 빛을 모으면 더 강한 빛을 얻을 수 있듯이 이 세상의 모든 물체는 더 힘을 발휘하는 것들도 있다. 모나드도 마찬가지다. 모나드의 지각도 마찬가지다. 모나드의 지각 중에서 다른 지각보다 뛰어난 지각은 기억할 수 있는 능력도 갖추고 있다. 여기서 라이프니츠는 지각을 가진 모나드를 영혼이라 부르고, 감각을 가진 생명체를 동물이라고 한다. 그리고 이런 영혼들Seele이 이성Vernunft을 갖게 된다면 그것은 더욱 뛰어난 모나드가 될 것이며, 이것을 '정신들Geister'이라고 한다.

그런데 동물들이 꿈도 없는 깊은 수면에 빠지거나 기절상태에 빠지면 그들의 지각은 아무것도 의식하지 못하게 될 것이다. 이런 경우 동물들은 단순히 생명체에 불과하고 그들의 지각은 모호하기 때문에 그들의 영혼 또한 단순한 모나드에 불과하다. 비록 이렇게 단순한 영혼에 불과하지만, 이들은 단순한 동물의 상태에 머물고 있는 것이 분명하다. 그래서 라이프니츠는 지각과 자의식을 구별하고 있다. 지각이란 외부 사물을 표현하는 모나드의 내적 상태다. 그리고 이런 내적 상태에 대한 반성적 인식을 라이프니츠는 자의식 혹은 통각이라고 보았다. 자의식 혹은 통각은 모든 영혼에게 주어지지 않을 뿐아니라 동일한 영혼이라고 모두 주어져 있는 것도 아니다. 그리고 일반적으로 사람들은 감각적으로 고려할 수 없는 물체나 의식하지 못하는 지각을 전혀 고려하지 않는다.

라이프니츠는 자신과 데카르트의 차이를 바로 여기에서 찾고 있다. 데카르트를 추종하는 사람들은 정신만을 모나드로 보았고, 생명의 원리나 동물의 영혼도 인정하지 않았다. 그뿐만 아니라 그들은 동물로부터 감각적인 것도 인정하지 않았으며, 깊은 잠이나 실신 혹은 혼수상태와 죽음을 구별하지도 못했다는 것이 라이프니츠의 생각이다. 물론 이런 데카르트주의자들의 생각이 일반인들의 선입관과는 맞았지만, 라이프니츠와 같이 영혼의 불멸성을 주장하는 사람들에게는 큰 혼란을 가져다 주었다는 것이 그의 주장이다.

라이프니츠는 동물의 지각 안에는 이성과 비슷한 것이 연결되어 있다고 주장한다. 그런데 이 지각은 원인의 인식이 아닌 결과의 인식 때문에 생긴 것이다. 예를 들어 개의 경우 몽둥이를 보면 도망가는 이유가, 몽둥이로 맞은 경험이 개에게 고통이라는 기억으로 지각되기 때문이다. 즉 개가 몽둥이를 지각하고 있는 것은 고통의 원인이 아니라 결과이다. 그리고 라이프니츠는 사람도 경험으로 행동하는 한 넷 중 셋은 동물과 마찬가지라고 했다. 만약 일반적인 사람들은 내일 다시 해가 뜬다면 경험으로 그렇게 믿고 있을 것이고, 기상 전문가나 천문학자는 이성적으로 그렇게 믿을 것이라는 것이다. 그러나 가능할지는 모르지만 미래에 언젠가 해가 뜨지 않는다면 일반인들이 하는 이러한 경험에 따른 예견도 틀리게 될 것이다. 하지만 전문가나 천문학자들처럼 진정한 이성적 추리wahrhafte Vernunft-überlegung를 하게 되면 논리학, 대수학, 혹은 기하학의 진리와 마찬가지로 결코 의심할 수 없는 필연적이고도 영원한 진리에 의존하여 결코 오류가 없을 것이다.

하지만 라이프니츠는 생명체 중에서도 동물Tiere에게는 이런 필연적인 진리가 없다고 생각한다. 결국 필연적인 진리를 인식할 수 있는 생명체는 이성을 가진 생명체이며, 그들의 영혼은 정신이라고 보았다. 이때 이 영혼은 반성이 가능하고 사람들은 이것을 자아 혹은 나Ich, 실체Substanz, 영혼Seele, 혹은 정신Geist이라고 부른다. 그리고 이것을 통해 비물질적인 사물의 파악이 가능해진다. 바로 이것을 통해 사람들은 학문 혹은 논증적 인식을 하게 된다.

라이프니츠는 이어서 기관에 대한 중요한 사실을 6장에서 주장하고 있다. 당시 연구자들은 옛날 사람들이 믿었던 것처럼 식물이나 동물과 같은 생명체의 부패나 혼돈Chaos으로부터 기관이 발생하는 것이 아니라고 주장했다는 것이다. 그들은 기관이란 이미 형성되어 있는 정자Samen로부터 생겨나거나 아니면 이미 존재하는 생명체가 다르게 변형되어 생기는 것이라고 이성이 확인시켜 주었다고 주장한다. 큰 동물의 정자 속에는 수정을 통해 자신보다 더 큰 동물로 태어나고 더 큰 무대로 나아가 활동할 수 있는 작은 동물이 들어 있다. 즉 라이프니츠는 정자 속에 동물의 모든 것이 다 들어 있다고 생각했기에 정자를 작은 동물이라고 불렀다.

하지만 사람의 정자 속에 있는 영혼은 처음에는 이성을 갖고 있지 않다. 이 정자가 수정을 통해 인간 본성을 갖도록 규정하는 순간, 이 정자는 이성을 갖게 된다. 그렇다고 동물이 수정이나 생성과정을 통해 완전하게 새로운 것으로 생성되는 것은 아니라는 것이 라이프니츠의 생각이다. 마찬가지로 동물은 완전히 소멸하는 것도 아니다. 자연에서 시작되지 않은 것은 결코 자연의 질서에서 사라지는 것이 아니라는 것이 그의 생각이기 때문이다. 그래서 삶이라는 가면을 벗는 순간 더 작은 무대로 옮겨가는데, 그곳에서도 큰 무대와 마찬가지로 감각이 가능하고 모든 것은 잘 질서 세워져 있다. 반대도 마찬가지다. 정자는 수정을 통해 더 큰 동물이 되는데 이는 정자라는 작은 동물은 더 작은 동물에서 생겨나기 때문이다. 라이프니츠는 이렇게 자연은 끝없이 모든 것이 하나로 연결되어 있다고 보았다.

이런 자연 질서의 연결이라는 관점에서 볼 때, 새롭게 태어나는 것은 없고 영원히 소멸하는 것도 없다. 연결이라는 관점에서 볼 때, 더 큰 동물이 된다거나 큰 무대로 나가는 동물은 발전한다거나 새로운 옷을 입는 것과 같고, 반대는 쇠퇴하거나 옷을 벗는 것과 같은 현상으로 변형 혹은 변화라고 설명하는 것이 더 옳을 것이다. 이렇게 영혼은 결코 육체에서 벗어나지도 않고 어떤 육체에서 다른 육체로 옮겨가지도 않는다. 그래서 라이프니츠의 영혼에는 윤회란 존재하지 않고 단지 변형 혹은 변화만이 존재한다. 이때 동물들은 자신의 모든 것을 변형시키는 것이 아니라 어떤 부분만 변형한다. 즉 어떤 부분은 버리고 또 어떤 부분은 새롭게 받아들인다. 물론 대부분은 이렇게 부분적인 변형이지만 많은 것을 얻을 때도 있고 많은 것을 잃을 때도 있다. 그것은 바로 정자의 수정과정과 동물의 죽음에서만 가능하다. 이때 많은 것이 두드러지게 다르게 보이는데, 사람들이 수정과정을 마치 없는 것이 생겨나는 것으로 보고, 죽음을 소멸로 보는 이유이다.

라이프니츠는 이상의 내용을 7장에서 자연과학자Naturwissenschaft의 관점에서 얘기했다고 말한다. 라이프니츠는 여기에 머물지 않고 형이상학적인 관점으로 넘어가야 한다고 보았다. 우리가 가진 원리 중에 충분한 이유나 근거가 없다면 아무것도 생기지 않는다는 것이 있다. 사물을 잘 관찰하고 충분하게 인식하고 있는 사람들은 왜 다르게 발생하지 않고 그렇게 발생할 수밖에 없는가 하는 충분한 이유를 잘 알고 있다. 바로 이 원리를 갖고 라이프니츠는 형이상학적인 관점으로 접근을 시도한다. 일반적으로 설명될 수 없는 것 중에 하나가 무에서 무엇이 생긴다는 것이다. 이런 관점에서 형이상학의 문제를 볼 수도 있다. 하지만 라이프니츠는 위의 원리가 정착되면 무에서 무엇이 생긴다는 문제는 사라진다고 생각했다. 이와 함께 무가 아니라 사물이 존재한다고 가정한다면 다르게 존재하지 않고 그렇게 존재할 수밖에 없다는 사실을 쉽게 받아들일 수 있게 될 것이다.

우주 혹은 이 세계는 어떻게 존재할까? 라이프니츠는 우주나 세계가 존재하는 충분한 이유를 결코 우연적인 사물들의 계열에서는 찾을 수 없다고 한다. 즉 물체와 영혼 안에 있는 표상으로는 우주나 세계의 존재에 대한 충분한 이유를 찾을 수 없다. 물질은 일반적으로 운동과 정지를 계속하지만 운동과 정지는 항상 거듭되는 것이 아니라 정지할 때도 있다. 더 중요한 것은 물질이 운동과 정지를 계속하는 것은 인과법칙에 따른다고 볼 수 있다. 즉 현재의 운동은 이전 운동의 결과이고 다음 운동의 원인이다. 이렇게 인과법칙을 끊임없이 위로 소급해 올라가도 그 과정만 계속될 뿐 우리가 얻는 것은 아무것도 없다. 그래서 라이프니츠는 필연적인 이유를 우연한 사물의 계열의 외부와 실체의 내부에서 동시에 찾는다. 즉 계열의 외부에 존재하는 것은 실체의 내부에 필연적으로 존재하지 않으면 안 되는 이유이다. 그래서 8장에서 이런 사물의 최초 근거 혹은 최초 원인을 신이라고 주장하고 있다.

2
신과 우주창조

그리고 라이프니츠는 9장에서 신을 근원적인 단순 실체einfache ursprüngliche Substanz라고 부른다. 그래서 이 실체는 자신에서부터 파생되어 나올 모든 실체 안에는 가능한 최대의 완전성을 포함해 놓고 있다. 그래서 이 근원적인 단순 실체는 능력 면이나 지식 면뿐 아니라 의지에 이르기까지 완전하여 우리

가 전지전능Allwissen, Allmacht이라고 하고 최고의 선die höchste Güte
이라고 하는 것이다. 그리고 정의란 지혜와 같은 선이기 때문
에 신에게는 전지전능 외에도 최고의 정의die höchste Gerechtigkeit
라는 또 다른 명칭이 주어지는 것이다.

사물들은 신의 이러한 능력에 따라 존재하고 활동한다. 이
때 사물들은 신이 존재하게 한 이유에 따라 스스로 신에 의존
하여 활동할 수밖에 없다. 그래서 그들은 자신의 완전성을 신
으로부터 계속 원하고 행하려 하는 것이다. 그래서 사물들의
불완전성은 피조물의 본질적이고도 근원적인 제한 내지 한계
임을 알게 되는 것이다.

마찬가지로 라이프니츠는 10장에서 신이 자신의 완전성에
따라 우주나 세계를 창조했다고 주장하고 있다. 이렇게 창조
된 우주나 세계는 당연히 신의 가장 완벽한 계획에 따라 완전
하게 만들어졌다. 신의 이 계획에는 많은 다양성이 놓여 있는
데 이것은 세계의 질서를 위해 땅, 공간과 시간이 가장 좋은
방법으로 사용되어 가장 큰 결과가 가장 단순한 방식으로 얻
어진다. 그리고 모든 피조물에게는 신과 우주가 허용하는 범
위 내에서 가장 큰 능력, 지식, 행복 그리고 선이 주어진다. 신

은 자신이 가진 완전성을 가능한 한 존재들에게 부여함으로써 자신의 세계를 실질적으로 존재하게 하려 하기 때문이다. 바로 여기서 우리는 사물이 다르게 존재하지 않고 그렇게밖에 존재할 수 없는가에 대한 대답을 얻을 수 있다.

라이프니츠는 이런 신에 대한 생각이 형이상학적 근거를 마련하고 있다고 11장에서 주장한다. 즉 신의 최고 지혜는 가장 적절한 운동법칙을 선택하는 추상적 혹은 형이상학적인 근거를 마련하였다. 여기서 라이프니츠는 운동량 보존법칙에 관해 설명하고 있다. 이 운동량 보존법칙에 따르면 힘은 항상 총체적으로 같은 양을 갖는데, 작용의 양, 반작용의 양, 특정한 방향으로 향하는 힘의 양은 모두 동일하게 보존된다는 것이다. 그뿐만 아니라 작용은 반작용과 같고, 결과의 전체성은 바로 앞의 원인과 같은 가치를 갖고 있다. 그런데 라이프니츠는 작용인만으로는 이 법칙을 증명할 수 없기 때문에 목적인과 함께 생각해야 한다고 주장한다. 이 법칙은 논리적, 대수학적, 기하학적 진리처럼 필연성의 원리Prinzip der Notwendigkeit에 따라 증명되는 것이 아니라 지혜에 따른 선택에 의존하기 때문이다. 이를 타당성의 원리Prinzip der Angemessenheit라 하였고, 이

것이야 말로 가장 효과 있고 분명한 신존재 증명 중에 히나라고 보았다.

　라이프니츠는 신의 완전성을 우주 창조의 첫 번째 원인으로 보는데, 바로 이 타당성의 원리에 따라 첫 번째 원인인 완전성에서부터 우주 혹은 세계 질서가 가능한 모든 질서 중에서 가장 완전한 질서로 창조된다. 더 나아가 우주는 자신의 관점에서 바라보는 각각의 모나드의 거울이라는 사실도 바로 이 원리에서 나온다. 그리고 앞에서 우리가 이미 논한 영혼, 다른 모나드에 비해 탁월하거나 우월한 모나드도 여기서 나오며, 동물의 경우 죽음 내지 혼수상태나 질식 상태에서 다시 깨어나는 것도 바로 이 원리가 있기에 가능한 것이다.

　라이프니츠는 사물 속의 모든 것은 가능한 한 질서와 조화를 갖고 있기 때문에 질서가 잡혀 있다고 보았다. 그리고 최고의 선과 지혜는 완전한 조화를 갖고 있다. 현재는 미래를 잉태하고 있으며, 과거의 사실이나 사건을 본보기로 삼아 미래는 멀리 있는 것보다는 조금 가까이 있는 것을 통해 무엇인가 읽어낸다. 라이프니츠는 미래를 시간이 지남에 따라 우리가 읽을 수 있는 주름Falten으로 보았다. 만약 우리가 이 주름을 모두 펼칠 수만 있다면 우리의 영혼 속에서 우주의 아름다움을 인식할 수 있다고 주장한다.

그만큼 우리의 영혼과 우주는 일치하는 것임을 보여주고 있다. 이때 영혼 안에 있는 분명한 지각들은 꽉 찬 우주의 무한한 수의 지각들을 포함하고 있다. 그러나 이 우주에 관한 지각은 영혼 안의 지각과 다르게 분명하지 않고 모호하다. 이때 영혼은 자신이 지각한 사물 중에서 분명한 것만 인식하기 때문에 영혼의 완전성은 신의 완전성과 다르게 지각의 분명성 내지 판명성과 비례하게 된다.

모든 영혼은 무한한 인식능력을 갖추고 있다. 물론 이때 영혼이 모호하게 인식하는 경우도 있다. 라이프니츠는 13장에서 그 유명한 파도소리의 비유를 설명하고 있다. 우리는 바닷가를 산책할 때 파도소리를 듣는다. 이때 파도소리는 모래가 움직이는 소린지, 자갈이 구르는 소린지, 혹은 바닷물 소리인지 도저히 구별할 수 없을 정도로 엄청난 소음으로 들린다. 하지만 우리는 그 소음 속에서 파도소리를 구성하는 각각의 소리를 들을 수도 있다. 이렇게 영혼은 마치 소음처럼 들리는 파도소리 속에서 각각의 소리를 인식할 수 있다.

하지만 우리는 모호한 인식에서 벗어나지 못하는 경우도 있다. 라이프니츠는 이를 꽉 찬 우주 혹은 세계가 우리에게 주는 인상들의 결과라고 보았다. 이는 모든 모나드에게 나타나는 공통적인 현상이다. 하지만 신은 결코 모호한 인식을 갖고 있지 않다. 신만이 모든 사물에 대해 분명하고 판명한 지각을 가지고 있다. 신은 모든 사물의 근원이고 본질이기 때문에 우주 속에 꽉 차 있는 모든 사물은 신을 중심으로 거리를 두지 않고 직접 나타나unmittelbar gegenwärtig 있다. 그래서 사람들은 신의 중심이 우주의 모든 곳에 있다고 믿고 있으며, 어느 곳에도 존재하지 않는 곳이 없다는 생각을 하고 있는 것이다.

3
정신과 신의 나라

라이프니츠는 『자연과 은총의 이성적 원리』 14장부터는 이성적 영혼과 정신에 관해 설명하고 있다. 이성적 영혼 혹은 정신 안에는 모나드나 단순한 영혼 속에 들어 있는 것보다 더 많은 어떤 것이 있다고 한다. 이성적 영혼 혹은 정신이 우주를 반영하는 거울 외에도 신성의 모방 혹은 모사Abbild der Gottheit이기 때문이다. 정신은 신의 피조물에 대한 지각을 갖고 있으며, 신이 만든 작품 중 모든 것은 아니지만 어떤 부분은 다시 만들어 낼 수 있는 능력도 갖추고 있다. 사람들은 마음만 먹으면 시간에 구애받을 수는 있지만 원하거나 생각한 물건들을 만들어 낼 수 있다. 이때 사람의 영혼은 의지에 따라 건축가처럼 행동하여 많은 것을 새롭게 만들 수 있기 때문이다. 신은 자신의 의지에 따라 사물들을 이 우주 혹은 세계 속에 배열하였다. 마찬가지로 사람들은 학문을 발견하고 이용하여 주어진 범위 안에서 자신의 작은 세계를 신의 큰 세계로부터 모방하거나 모사하여 만들어 낼 능력도 갖추고 있다.

라이프니츠는 이런 모든 정신을 인간 혹은 천부적 재능Genie이라 불렀다. 그것이 무엇이든 상관없지만 모든 정신은 이성의 힘과 영원한 진리를 통해 신과 함께 공동체를 만든다. 이것을 신의 나라Gottesstaat라 한다. 이 신국은 모든 군주 중에서도 가장 위대하고 선한 군주에 의해 개국되고 다스려지는 가장 완전한 나라다. 인간 혹은 천부적 재능으로 불리는 정신은 바로 이런 국가의 구성원이다. 이런 나라에서 모든 범죄는 처벌받으며, 모든 착한 행동은 보상받는 것이 당연하며, 최대한의 덕과 행복이 보장되어 있다.

이 신의 나라에서는 신이 영혼에게 모든 것을 규정한다. 그러므로 물체의 법칙을 교란시킨 자연의 전복은 있을 수 없다. 자연의 전복과 같은 자연의 질서는 자연의 왕국과 은총의 왕국 사이에서 일어나거나 이 우주를 건설한 건축사로서의 신과 군주로서의 신 사이에 처음부터 끝까지 예정되어 있고 조화를 이루는 그 어떤 질서에 의해서만 가능하다. 그 이외의 어떤 경우에도 자연의 전복이나 자연의 질서가 파괴되는 경우는 없다. 이렇게 신국에서는 은총이 자연을 이용함으로써 자연이 완성되고, 자연은 스스로 은총으로 인도함으로써 모든 것이 질서 잡혀 있고 예정조화를 이루고 있다.

하지만 안타깝게도 이러한 예정조화에 따라 미래에 일어날 세부적인 것을 인간의 이성으로는 도저히 알 수 없는 일이다. 라이프니츠는 16장에서 그 이유를 계시Offenbarung에서 찾고 있다. 우리는 단지 신의 예정조화를 통해 모든 사물이 기대 이상으로 존재하고 있다는 것을 알 수 있다고 주장한다. 신은 가장 완전하고 행복하기 때문에 모든 실체 중에서도 가장 사랑받고 있다. 그래서 인간의 순수하고 진정한 사랑은 그 사랑의 대상이 완전성과 행복으로 가득 차 있을 때 더욱더 행복을 느낀다. 그리고 라이프니츠는 바로 이런 사랑의 대상이 신일 경우 우리 사람들은 우리가 느낄 수 있는 가장 큰 행복과 기쁨을 느낄 수 있다고 보았다.

우리에게 가장 큰 기쁨과 행복을 주는 신을 올바르게 사랑할 방법은 무엇일까? 라이프니츠는 완전하고 행복에 가득 차 있는 신을 인식만 하면 올바르게 사랑할 수 있다고 간단하게 말한다. 신은 우리가 가장 사랑할 만하고 우리에게 최고의 기쁨을 주지만, 사람이 신을 외적 감각으로 인식한다는 것은 거의 불가능하기 때문이다. 그리고 사람들이 신을 존경한다거나 사랑하는 것을 외적 감각으로는 알 수 없지만, 우리 스스로 어떻게 하는 것이 우리를 기쁘게 하는 것인지는 잘 알고 있다. 순교자와 광신자는 신이 그들에게 준 정신적인 기쁨이 얼마나 크면 그런 일을 하겠는가! 더 큰 문제는 이런 감각적인 기쁨도 불확실하고 분명하지 않은 지적인 기쁨에서 나온다는 것이다.

음악 소리를 듣고 우리가 좋다고 느끼는 것은 잘은 모르지만, 우리의 영혼이 악기의 부딪히는 소리와 멜로디 혹은 가사에서 오는 무엇인가를 느낄 때 가능하다. 마찬가지로 눈으로 무엇을 보고 좋다고 판단하는 것도 물건이 주는 비례가 눈을 통해 우리의 영혼을 자극했기 때문일 것이다. 이와 마찬가지로 나머지 우리의 감각들도 분명하게 설명은 할 수 없지만, 물체나 사물이 주는 어떤 것이 우리의 영혼을 자극하였기 때문일 것이다. 이렇게 라이프니츠는 외적 감각은 분명하지 않지만 완전하고 행복으로 가득 차 있는 신을 인식하는 순간 우리의 영혼이 신을 사랑하게 된다고 보았다.

마지막 장에서 라이프니츠는 신에 대한 현재의 사랑을 강조하고 있다. 즉 신에 대한 현재의 사랑이야말로 미래의 완전성과 행복을 누리게 해주고 맛보게 해준다는 것이 그의 생각이다. 신에 대한 사랑은 계산되고 손익을 따지는 이해 타산적인 것이 결코 아니다. 우리는 신이 우리에게 주는 사랑에 대해 생길 이익을 생각하지 않고, 단지 신이 주는 직접적인 기쁨만 생각해야 한다. 신이 주는 사랑 그 자체만으로도 우리 인간에게는 가장 큰 선이며 이익이 생길 수 있기 때문이다. 우리는 신의 사랑을 통해 모든 피조물의 창조자가 신임을 알게 되고, 신의 선에 대해서도 완전한 믿음을 갖게 되기 때문이다.

신에 대한 이런 믿음은 종교나 스토아철학자들이 주장하는 것처럼 강요로 인한 인내심에서 나오는 것이 아니라, 우리 미래에 대한 확신에서 나오는 것이다. 사실 이 현재의 기쁨이나 만족 외에 미래를 위해 더 필요한 것이 무엇이 있겠는가? 모든 것이 꽉 차 있지만, 우주 혹은 세계 안에 모든 것은 완전하게 질서 잡혀 있다. 이 질서 때문에 선의 근원을 사랑할 줄 아는 모든 사람은 가능한 한 가장 완벽하고 완전하게 창조된 신의 나라에 사는 것을 만족하고 있다. 그리고 신의 사랑이야말로 모든 사람이 바라는 것을 전부 이루어주기 때문에 우리를 최고의 행복에 이를 수 있도록 그 길을 가르쳐 주고 있다.

라이프니츠는 마지막으로 문제는 신이 이렇게 모든 것을 열어두고 만들어 두었지만 우리는 최고의 행복에 도달할 수 없다는 것이라고 주장한다. 그 이유가 우리 인간에게 있는 것이 아니라 다행히 신에게 있다는 것이 조금은 위안이 된다. 신은 무한하기 때문에 우리로서는 도저히 신의 무한성을 인식할 수 없다. 그래서 사람들은 다음 몇 가지를 만족하면서 스스로 행복하다고 생각하게 되는 것이다. 즉 우리의 행복은 우리가 더 이상 아무것도 바라지 않게 정신을 우둔하게 만드는 것이다. 그리고 우리의 행복은 완전한 향락에 빠지지도 않고 빠져서도 안 된다는 것을 우리의 정신이 아는 것이다. 마지막으로 라이프니츠는 사람들이 어떤 행복에 대해 만족하여 멈추지 말것과 우리의 행복은 늘 새로운 기쁨과 새로운 완전성에 대해 갈구하고 끊임없이 생각하고 나아가는 것이라고 주장하며 『자연과 은총의 이성적 원리』를 맺고 있다.

8

「제일철학의 개선 및 실체개념」에 대하여

라이프니츠는 1686년에 발표한 『형이상학론』에서 실체에 대한 문제를 많이 언급하고 다루었다. 이 『형이상학론』에서 논한 실체 개념보다 더 확고하고 분명하게 한 것이 1694년에 발표한 「제일철학의 개선 및 실체개념 *De primae philosophiae emendatione et de notione substantiae, Über die Verbesserung der ersten Philosophie und über den Begriff der Substanz*」이다. 물론 이후에도 이 실체의 문제를 『단자론』과 『자연과 은총의 이성적 원리』에서도 다루고 있다. 일반적으로 라이프니츠의 실체 개념은 그의 저서마다 조금씩 다르게 취급되고 있다고 한다. 「제일철학의 개선 및 실체개념」에서 다루어진 실체 개념을 중심으로 라이프니츠의 형이상학에 대해서 살펴보자.

라이프니츠는 먼저 수학과 형이상학의 학문적인 성격부터 얘기한다. 그의 경험에 의하면 수학의 매력에 빠진 많은 사람은 형이상학을 등한시하였다. 그들이 수학에서는 빛을 보았지만, 형이상학에서는 어둠을 봤다는 말로 표현한다. 그는 그 이유를 형이상학에 대한 일반적인 개념에서 찾았다. 즉 형이상학의 일반 개념들이 그를 연구하는 사람들의 게으름과 불안정으로 의미가 이중성을 갖고 불분명해져 어떤 것도 설명할 수 없는 상태가 되었던 것이다. 그 결과 형이상학에만 그 피해가 오는 것이 아니라, 형이상학으로부터 생겨난 모든 학문에까지도 그 영향이 미치고 있다는 것이다.

이렇게 형이상학보다는 수학에 영향을 받은 사람들이 명석하고 분명한 정의와 보편적이고 진리인 공리를 원했다. 반면 형이상학자들은 작은 것이나마 구별하여 정의하였고, 경험은 사례를 통해 증명하기보다는 오히려 반론에 흔들리는 부분적인 규칙을 가진 것에 만족했다. 하지만 많은 사람이 이런 형이상학적인 용어나 개념을 이해하고나 있는 듯이 자주 사용했다. 하지만 라이프니츠의 입장에서 볼 때 당시 사람들은 형이상학적인 용어인 실체를 비롯하여 원인Ursache, 작용Wirkung, 관계Beziehung, 유사성Ähnlichkeit 외에 많은 형이상학적인 용어들을 일반적인 다른 용어들과 함께 뒤섞어 구별하지 않고 사용하였다.

형이상학의 용어가 이렇게 다른 일반적인 용어와 함께 사용되고 있는 한 아리스토텔레스가 열망하고 추구한 학문으로서 형이상학은 아리스토텔레스 시대나 마찬가지로 여전히 라이프니츠 시대에서도 일부 지각 있는 철학자들에 의해 추구되어야할 학문으로 남아 있었다. 그렇다고 형이상학적 용어를 다른 용어와 구별하여 분명하게 하려고 한 노력이 없었던 것은 아니다. 플라톤이 그의 대화록에서 그렇게 하려고 했고, 아리스토텔레스도 그의 저서 『형이상학Metaphysik』을 비롯한 여러 저서 속에서 분명한 용어 사용을 위해 노력하였다. 그러나 라이프니츠의 관점에서 볼 때 그들은 큰 성과나 진척을 이루지 못했다. 이후 플라톤주의자들은 신비주의에 빠져 신비주의적인 방법으로 해결하려 했지만 성과는 없었다. 반면 아리스토텔레스주의자, 특히 스콜라철학자들은 문제를 해결하기보다 오히려 문제 제기만 하였을 뿐이다.

라이프니츠 시대에 와서도 능력 있고 뛰어난 철학자들이 제일철학을 위해 그들의 정신을 쏟았지만, 노력에 비해 큰 성과를 거두지 못했다. 그중에서도 괄목할 만한 철학자는 역시 데카르트였다. 라이프니츠의 입장에서 볼 때 데카르트는 정신을 중심으로 플라톤 연구의 새로운 방법론을 제시했고, 그 결과 자신의 분야에서 뛰어난 성과와 업적을 남겼다. 하지만 지나치게 주관적인 데카르트의 생각과 불안정한 방법론은 처음 원했던 목적을 이루는 데는 실패했다는 것이다.

특히 데카르트의 실수는 분명하고 확실한 것과 불분명하거나 불확실한 것을 구별하지 못했다는 점에 있다. 그 결과 물체적인 실체의 본질die Natur der körperlichen Substanz을 연장에 두는 오류를 범하게 된다. 그뿐만 아니라 실체의 본질에 대해 분명하게 알지 못했기 때문에 육체와 영혼의 결합에 대해서도 잘못을 저질렀다. 라이프니츠는 데카르트가 가장 기본적인 개념에 대한 이해나 설명 없이 형이상학적인 용어를 설명하려 했던 것이 가장 큰 실수였다고 보았다.

데카르트 외에도 명석한 두뇌를 가진 많은 철학자가 형이상학적 문제를 근본적으로 해결하기 위해 노력하였다. 하지만 그들 중 많은 사람은 분명하게 설명하기보다는 그냥 무엇을 증명하려고 단지 예언에 가까운 주장을 했기 때문에 그들의 사상은 여전히 어둠 속에 묻혀 있다.

이런 관점에서 라이프니츠는 수학보다 형이상학의 확실성

을 위해 오히려 더 많은 빛이 필요하다고 보았다. 수학은 계산이 잘못되었을 경우 다시 문제를 풀거나 재검사를 위한 증명방법을 스스로 갖고 있다. 그리고 사실 이런 이유로 수학은 다른 학문에 비해 짧은 시간에 큰 성과를 얻었다. 하지만 수학이 가진 이런 장점을 형이상학은 갖고 있지 않다. 그래서 라이프니츠는 수학에서 그랬던 것처럼 형이상학에서도 문제해결을 위해 수학의 증명방법이나 계산법과 같은 특별한 조치가 필요하다고 보았다. 이런 수학적인 방법을 형이상학에 적용하는 것도 중요하지만, 무엇보다 중요한 것은 일반적인 대화 속에서도 다른 이론이나 주장이 끼어들 수 없는 분명하고 확실한 어떤 것을 확보해야 한다고 보았다.

그럼 왜 라이프니츠에 있어서 형이상학의 중요 용어 중 하나인 실체 개념이 이렇게 중요할까? 이 실체에서 최초의 진리인 신과 정신뿐 아니라 물체의 본질들이 나오기 때문이라고 했다. 이 실체에 대해 일부는 알려져 있지만, 다른 학문을 위해 앞으로 유용하게 사용될 수 있음에도 여전히 일부는 증명되지 않고 남아 있다. 바로 여기서 라이프니츠는 힘 혹은 능력의 개념der Begriff der Kräfte oder des Vermögens이 실체 개념을 바로 인식하고 정립하는 데 아주 큰 빛을 가져다 줄 것이라고 기대하고 있다. 이 힘이란 단어가 독일 사람들은 'Kraft'라고 하지만 프랑스 사람들은 'la force'라고 한다고 설명을 빠트리지 않았다. 그리고 이 힘의 개념을 자신의 개념인 동역학Dynamik으로 설명하고 있다.

철학을 잘 훈련받은 사람들은 능동적인 힘vis activa, aktive Kraft을 단순한 가능성potentia nuda, nackte Möglichkeit과 구별한다. 왜냐하면 스콜라철학자들은 능동적 가능성potentia activa, aktive Möglichkeit 혹은 가능성과 아주 가까이 놓여 있는 능력facutas, Vermögen이 실질적으로 작용하기 위해서는 가시와 같은 역할을 해 주는 외부의 자극이 필요하기 때문이다. 라이프니츠는 동역학에서 실질적으로 작용하는 힘과 작용의 가능성을 가진 잠재적인 힘으로 나누었다. 힘이란 실질적으로 작용하는 힘이며, 가능성과 능력은 잠재적인 힘이지만, 라이프니츠가 가능성에 가까이 놓여 있는 능력이라 한 것으로 보아 가능성이 실질적으로 작용하는 것에 더 가까이 놓여 있는 잠재적 능력으로 보인다.

능동적인 힘은 엔텔레케이아를 포함하고 있기 때문에 작용할 수 있는 능력과 작용 자체의 중간에 놓여 있는 힘이라고 한다. 그뿐만 아니라 능동적인 힘은 스스로 활동하기 때문에 남의 도움이 필요하지 않고 자신 앞에 놓인 방해물을 스스로 헤쳐나갈 수 있다. 라이프니츠는 이것의 예로 무거운 짐을 지탱하고 있는 강한 밧줄과 힘껏 당겨져 힘이 들어간 팽팽한 활시위로 표현하고 있다. 이를 설명하기 위해서는 중력이니 탄성이니 하는 물리적인 용어를 사용해야 한다. 분명한 것은 물체는 스스로 활동하기 때문에 자연 안에서는 여러 가지 다양한 모습으로 늘려져 있다. 이것은 실체 내에 존재하고 있지만, 창조될 때에는 모든 물질 안에 놓이게 된다. 바로 이것 때문에 창조된 이후 물체는 어떤 활동을 하게 되며 물체적 실체도 활동을 중지할 수 없다.

하지만 데카르트와 그의 추종자들은 이 물체적 실체의 본질을 연장 혹은 불가침투성Undurchdringlichkeit으로 보았기 때문에 물체는 근본적으로 움직이지 않는 것으로 파악하였다. 라이프니츠는 이것이 바로 데카르트가 형이상학적인 용어를 모두 완전하게 설명하지 못한 원인 중 하나이며 자신과의 차이라고 보았다. 이런 관점에서 라이프니츠는 창조된 실체는 다른 실체로부터 힘을 얻어 움직이거나 활동하는 것이 아니라 이미 내부에 있는 스스로 활동하는 힘의 능력을 갖추고 스스로 한계 짓거나 움직이는 결정만 얻는 것이라고 보았다.

이상이 라이프니츠의 짧은 논문 「제일철학의 개선 및 실체 개념」에 나타난 그의 실체 개념에 대한 설명이다. 여기서 그는 실체를 엔텔레케이아 혹은 능동적인 힘으로 보았다. 그러나 이 논문의 마지막 부분에서도 언급하고 있지만 더 구체적이고 실질적인 문제 해결에 도움을 주는 실체에 대한 몇 가지 사실들은 1695년에 발표한 『신체계』에서 논의하고 있다.

9

「사물의 근원적 기원」에 대하여

라이프니츠는 1697년 「사물의 근원적 기원_De rerum originatione radicali_」을 서술했다. 하지만 이 논문은 생전에는 발표하지 않았고, 1840년 에르드만 전집에 처음으로 수록되었다. 결론적으로 말하면 이 논문을 통해 사물의 근원적인 기원은 바로 신이라는 것을 주장하고 있다. 충족이유율과 현실이 최고의 선이라는 입장을 이 논문에서 설명하고 있어 그의 주저인 『변신론』에 대한 설명처럼 보인다.

라이프니츠는 유한한 사물로 구성된 세계를 지배하는 어떤 지배자가 있다고 믿는다. 이 지배자는 내 영혼이 나를 지배하는 것처럼 혹은 나 자신이 나의 육체를 지배하고 있는 것과 같은 방식 이상의 어떤 방식으로 이 세계를 지배하고 있다. 이렇게 우주를 지배하고 있는 유일한 사람은 세계를 지배할 뿐 아니라 세계를 만들거나 꾸미기도 한다. 그리고 이 유일자는 세계보다 더 우월하기 때문에 세계를 초월해서 존재하고 있다. 그래서 우리는 이 유일자로부터 모든 사물의 근원적인 이유를 찾는다.

유일자로부터 사물의 근원적인 이유를 찾는다고 해도 현실적으로 실재하는 것의 충분한 이유를 개개의 사물에서는 찾기 어렵고, 그 사물을 다 모아 놓고 그 속에서 찾기도 쉽지 않다. 그렇다고 사물의 계열을 찾아 올라간다 해도 여전히 이 문제가 풀리지는 않는다. 라이프니츠는 이것을 책의 인용을 예로 설명하고 있다. 어떤 수학책에 있는 내용을 다른 책에서 인용했다고 했을 때, 우리는 인용된 책을 찾아 그 이유를 찾는다. 이때 그 책에도 또 다른 책에서 인용한 내용이 담겨 있다. 이렇게 해서 여러 권의 책을 찾아 겨우 인용된 내용을 찾았다고 하자. 그런데 그 책에도 뚜렷한 이유가 없다면 우리는 어디에서 그 이유를 찾을 수 있겠는가? 이렇게 한 가지 결과를 우리는 계열의 원인에서 찾아 올라간다. 하지만 이 계열에서 원하는 답을 얻는 경우는 거의 없다. 세계는 영원하다. 그러므로 우리가 한 계열에서 찾는 것은 여러 상태밖에 없고, 그 상태 속에서 원하는 충분한 이유나 답을 찾을 수는 없다. 그래서 라이프니츠는 그 이유를 어떤 계열의 상태에서가 아닌 다른 곳에서 찾아야 한다고 보았다.

라이프니츠는 영원한 것에 원인이 없어도 상관없지만, 이유는 있어야 한다고 보았다. 그리고 그 이유가 변하지 않는 것에 있다면 필연적이고 본질 그 자체가 될 수 있지만, 만약 변하는 계열에 있지만 다행히 그 계열이 영원한 것이라면 경향성의 우위를 인정할 수 있다. 바로 이런 면에서 라이프니츠는 사물의 초세계적 이유인 신을 인정해야 한다고 보았다. 즉 세계에 존재하는 사물의 근본적 이유는 세계를 초월해 있는 어떤 것 속에 숨겨져 있다.

이렇게 하여 계열에서 뒤의 것이 앞의 것을 결정하는 물리학적이거나 필연적인 어떤 이유를 제시하게 된다. 이런 이유의 제시로 실재 세계가 물리학적이라거나 가정적인 것이라해도 형이상학적이거나 절대적인 것은 결코 아니라는 것이 라이프니츠의 생각이다. 이런 이유의 가정에 따라 우리는 결과가 이러하다 혹은 저러하다고 말한다. 그리고 사물의 근본적인 기원이야말로 형이상학적인 필연성에 있음이 분명하다고 확신하게 된다. 실재하고 있는 것의 이유를 우리는 실질적으로 실재하고 있는 것에서 찾기 때문에 형이상학적 필연성을 지닌 존재는 분명히 실재한다. 그래서 라이프니츠는 이 세계 속의 다양한 사물에서 그 이유를 찾을 수가 없고, 형이상학적인 필연성을 지니지 않는 어떤 것을 인정할 수밖에 없다는 것이다.

라이프니츠는 한 가지 더 의문을 던진다. 이 사물의 근원을 영원한 것, 본질적인 것, 형이상학적인 것에서 찾는다면, 어떻게 이런 것에서 시간적, 우연적, 혹은 물리학적인 진리가 나올 수 있는가? 만약 이것이 가능하다면 이 세상에 존재하는 모든 것들은 무에서가 아니라 실제로 존재하는 어떤 것에서 나오게 될 것이다. 이것을 사물의 본질적인 것은 실재하고 있는 양이나 완전성과 같은 권리를 가진다고 보았기 때문에 완전성이란 곧 본질의 양에 비례한다고 주장한다.

또 다른 문제가 남아 있다. 이 세계에 존재하는 사물들은 가능적인 것의 실제화다. 가능적인 사물이 실제로 생겨날 때는 분명 이유가 있을 것이다. 예를 들자면 최소 비용으로 최대효과를 낸다거나, 땅을 최대한 편리하게 사용하여 건축한다거나, 모양의 다양성, 건물의 편리성, 방의 수와 아름다움의 조화 등과 같은 것이 이유가 되어 실제화될 것이다. 라이프니츠는 이를 파티장소에 비교하기도 한다. 테이블을 어떻게 배치하고 무대를 어디에 설치하느냐 하는 것이 그날 파티를 성공적으로 마치거나 망치는 결과를 가져올 수도 있다.

또 라이프니츠는 기하학을 예로 들기도 한다. 등각 삼각형을 그릴 때나 점과 점을 이어 가장 짧은 직선을 그릴 때, 머릿속에 존재하는 것과 실질적으로 종이 위에 그려진 것은 다르다. 만약 존재가 비존재보다 더 훌륭하다면 무가 아니라 실질적으로 존재하는 데 분명 이유가 있을 것이다. 혹은 가능적인 것이 실제화되지 않거나 현실화되지 않으면 안 되는 분명한 이유도 있을 것이다. 이렇게 세상은 시간과 공간 속에 마치 최대한 많은 것이 실재로 생겨나고 존재하는 것처럼 보인다. 형이상학자들은 이 모든 것을 형이상학적인 필연성이라고 주장할 것이다. 그러나 라이프니츠는 이런 형이상학적인 필연에서 물리학적 혹은 자연학적인 필연을 얻게 된다고 보았다.

그래서 라이프니츠는 세계의 창조자는 모든 것을 결정적으로 행하지만 자유라고 주장한다. 그는 전지전능과 완전성의 원리에 따라 모든 것을 행하기 때문이다. 라이프니츠는 무관심과 무지, 그리고 현명함과 완전성은 비례한다고 보았다. 그뿐만 아니라 사물의 실제적인 계열은 실재하는 사물에서 나온다. 실재는 실재에서만 생겨나기 때문이다. 이것이 바로 형이상학적인 필연이다. 그러나 이 형이상학적인 필연은 결국 어떤 주체, 즉 신 속에서 그 실재를 갖게 된다. 만약 그렇지 않을 경우에는 우리가 앞에서 본 예에서와같이 결국 상상 혹은 무가 되고 신에 의해 실제화가 되지 않기 때문이다.

하지만 우리는 세계 속에 있는 모든 것을 기학적인 법칙, 형이상학적인 법칙, 질료적 법칙 등에 의해 나타난다고 생각한다. 이때 우리는 그것이 왜 다른 방법이 아닌 이런 방법으로 생겨나고 나타나느냐고 묻는다. 그중에서도 형이상학적인 법칙이 많이 연구되었고 논의되었기 때문에 다른 법칙보다 더 훌륭하다고 느끼고 있다. 똑같은 관점에서 형이상학적인 법칙이 필연적인 어떤 주체를 인정하는 법칙으로 바뀌어 연구되고 논의된다면 우리는 그 법칙이 가장 훌륭하다고 할 것이다. 이때 라이프니츠는 우리가 사물의 본질과 실재성의 근원적인 이유를 유일자인 신에서 찾게 될 것이라고 주장한다.

이 유일자를 통해 세계 내의 사물뿐 아니라 가능적인 것도 실재로 사물이 될 수 있기 때문이다. 더 중요한 것은 가능적인 것이 실재로 사물화되었을 때 우리가 찾는 근원이 유일자라는 것이다. 그리고 이 근원에서 모든 실재가 생겼고, 생겨나고 있으며, 앞으로도 생겨날 것이라는 것이 라이프니츠의 입장이다.

라이프니츠는 유일자인 신이 자연법칙뿐 아니라 자유로운 움직임도 있기 때문에, 신의 속성으로는 사물의 동력인 외에도 목적인이 있다고 본다. 그 외에도 신에게는 세계를 건설하기 위해 자비로움과 슬기로움이 필요하다. 사람들은 이 자비와 슬기를 도덕적 완전성이라고 보았다. 라이프니츠는 많은 사람은 자연법칙이라 할 수 있는 형이상학적 완전성은 인정하지만, 도덕적인 완전성을 부정하는 경우가 종종 있다고 경고한다. 그리고 사람들은 형이상학적인 완전성에 따라 많은 사물의 계열이 생겨난다고 믿고 있다. 하지만 라이프니츠는 세계야말로 도덕적으로 가장 완전하다고 보았다. 왜냐하면 완전성이란 정신의 본성과 부합하기 때문이다.

이렇게 세계는 자연법칙과 도덕적으로 완전성을 갖추고 있다. 사람들은 이 완전한 세계에 대해 감탄하고 그 가치에 찬사를 보낸다. 그뿐만 아니라 세계는 정신으로 이룩할 수 있는 가장 최고이며 최선의 나라이기도 하다. 그래서 이 세계는 개인의 정신에 지상 최고의 행복과 기쁨을 주는 것이다.

라이프니츠는 여기서 다른 문제를 제기한다. 즉 우리는 이 세계 속에서 라이프니츠의 주장과는 다른 반대의 세계를 경험하는 경우도 있다. 아주 착하고 선한 사람이 오히려 비참한 생활을 하거나 나쁜 상황에 처한다거나, 죄 없는 동물이나 인간이 잔인할 정도로 피해를 보거나 죽임을 당하는 일이 종종 있다. 사람들은 이런 상황에 처할 때마다 이 세계가 완전한 도덕성이나 형이상학적인 자연법칙에 따른 것이 아니라 오히려 무질서하고 혼란한 어떤 것 속에 있는 것이 아닌가 의문을 갖게 된다.

라이프니츠는 무질서와 혼란은 얼핏 볼 때 나타나는 일시적인 현상이라고 표현하고 있다. 정신의 완전성이란 관점에서 볼 때 우리가 알고 있는 것은 무궁무진한 세계 일부분에 지나지 않는다는 것이다. 인류가 이 세계에 살기 시작하고 이루어낸 역사마저도 영원이라는 관점에서 본다면 극히 일부에 지나지 않는 찰나에 가까운 시간이다. 이렇게 사람들은 극히 일부를 경험하고 마치 영원이나 무제한적인 어떤 것과 비교한다는 것은 잘못되었다고 보았다.

라이프니츠는 이를 설명하기 위해 많은 예를 들고 있다. 그 중 하나는 줄타기와 칼을 갖고 춤을 추는 검무다. 줄타기와 검무를 동작 하나하나로만 본다면 너무나 위험하고 아찔하다. 하지만 그것을 전체와 연결해 하나의 동작으로 본다면 위험이라기 보다는 편안한 마음으로 즐길 수 있는 모습으로 비칠 것이다. 비슷한 예를 맛에서도 찾고 있다. 우리의 미각에는 대표적으로 다섯 가지 맛이 있다. 어느 하나에만 빠지면 다른 맛을 알지 못한다. 모든 맛을 골고루 잘 느끼기 위해서 우리는 결코 한 맛에 빠지지 않으려 노력한다. 그러므로 한쪽의 부정적인 면을 갖고 완전성을 부정하는 말을 해서는 안 된다고 다시 한 번 강조한다.

하지만 분명한 것은 개인의 선과 행복이 고려될 때 국가의 완전성이 이루어지며, 세계 내의 보편적 조화가 유지될 때 세계의 완전성이 이루어진다. 하지만 이것은 하나의 이상에 불과하다. 그래서 라이프니츠는 사람들이 이 이상을 추구하기 위해서 유일자의 자비와 사랑에 따라 공통 선을 완성하는 것이라 보았다.

라이프니츠는 우주 혹은 세계에 사람의 정신을 이 정도로 높이는 이유를 사람의 부분 중 세계의 창조자인 유일자를 가장 많이 닮은 것이 바로 정신이기 때문이라고 말한다. 그래서 창조자와 정신의 관계는 군주와 국민의 관계와 같다. 그래서 정신은 우주 혹은 세계와 같이 오랫동안 존재하며, 정신 자체 속에 전 우주를 담고 표출하며 지각한다. 이런 관점에서 라이프니츠는 정신이야말로 전체가 되어 있는 부분이라고 말한다.

그래서 이 세상에서 선하고 착한 사람이 겪는 고난은 이런 고난을 통해 한층 높은 단계의 성장을 이루게 되고 더 큰 무대로 나아가게 하는 디딤돌이 된다. 그러므로 라이프니츠는 이것을 신학적으로는 진실이고 자연학적으로는 참이라고 주장한다. 이는 씨앗이 고난이 없으면 새로운 싹을 틔우지 못하는 경우와 같다.

라이프니츠는 만약 이런 세상의 고난이나 어두운 부분이 없다면 이 세계는 이미 오래전에 천국이나 완전한 세계가 되었을 것이라고 가정할 수 있다고 말한다. 하지만 그렇게 되지 않은 이유도 함께 설명하고 있다. 라이프니츠는 우주나 세계 속에 존재하는 많은 실체 중에서 이미 어떤 것들은 완전성에 도달해 있다고 본다. 하지만 이 세계에는 많은 계열이 있고, 이 계열들은 모두 연속적으로 끊임없이 진행되기 때문에 완전성이 나타나지 않고 사물 깊숙이 숨어 있거나 남아 있는 것들도 많다. 즉 사물이라는 실체는 더 나은 것을 향해 진행하길 원하기 때문에 여전히 나타나지 않고 있으며, 이런 진행은 끝이 없이 이루어진다는 것이다. 그래서 천국이나 완전한 세계는 언제 올지 모른다. 오히려 영원히 오지 않는 것일지도 모를 일이다.

라이프니츠는 이렇게 모든 사물의 근원을 완전한 유일자인 신에서 찾았고, 그것을 바탕으로 완전성에 이르는 사물에 관한 얘기를 한다. 사물이 다르게 있지 않고 그렇게 있을 수밖에 없는 이유는 신의 법칙에서 찾는다. 그리고 사물은 정신을 갖고 있고, 그 정신은 유일자를 닮았기 때문에 완전하려고 노력한다. 하지만 이 사물이 살고 있는 이 세계가 완전하게 되려면 그 시기는 언제인지 알 수 없다. 왜냐하면 사물은 스스로 완전성에 도달하기 위해 더 나은 것을 원하고 나은 곳으로 향하기 때문이다.

10

학문의 전성기와 말년

1
하노버공화국과 학문의 성숙기

더욱 큰 뜻을 품고 교수보다 외교나 정치에 관심을 두고 마인츠 대주교를 찾았던 라이프니츠는 프랑스, 영국, 그리고 네덜란드에서 더 많은 학문적인 업적을 남기고 1676년 하노버에 왔다. 이후 죽을 때까지 이곳에 머물면서 역시 그가 젊었을 때 원했던 다른 어떤 것보다 학문적 업적을 더 많이 남긴다.

라이프니츠는 하노버에 정착하기 전까지 스피노자와 뉴턴을 통해 철학과 수학에 큰 업적을 남긴다. 당시 어느 나라보다 광학기술이 발달하였던 네덜란드에서 라이프니츠는 스피노자Baruch Spinoza, Benedictus de Spinoza, 1632-1677를 통해 광학에 깊은 관심을 두고 레이우엔훅Anton van Leeuwenhoek, 1632-1723을 방문하였다. 미생물의 아버지로 잘 알려진 레이우엔훅은 자신이 발명한 현미경으로 단세포 생물을 관찰하고 미생물학을 정립한 네덜란드의 무역업자이며 과학자이다. 라이프니츠의 방문을 받은 레이우엔훅은 연구 중이던 새로운 현미경에 관해 설명해 주고 실험을 통해 현미경의 우수성을 보여주었다. 물론 라이프니츠는 스피노자와도 광학에 관한 문제를 논의하고 논문까지 주고받았지만, 스피노자의 철학을 인정하거나 받아들이지는 않았다.

그리고 라이프니츠는 런던을 떠나 하노버로 오기 직전 영국 왕립학회를 방문하고 자신이 발명한 계산기를 시연하기도 하였다. 이곳에서 그는 뉴턴이 연구 중이던 수열의 확장에 많은 관심을 보였다. 이후 미적분의 발명자가 누구인가 하는 문제를 놓고 라이프니츠와 뉴턴의 이름이 오르내렸다. 하노버에 온 이후에 라이프니츠는 미적분에 대한 오해가 있음을 뉴턴에게 편지로 알린다. 물론 오늘날 수학에서는 두 사람의 미적분을 완전 다른 것으로 보고 미적분의 발명자를 두 사람으로 인정하고 있다.

라이프니츠는 하노버에 도착한 다음 해인 1677년에 하노버 공화국의 궁중법률고문으로 정식 임명되어 자신의 임무를 수행하기 시작했다. 당시 하노버는 공작 게오르크Georg, Herzog von Braunschweig und Lüneburg, 1582-1641가 죽은 이후 권력이 그의 아들 요한 프리드리히Johann Friedrich, Herzog von Braunschweig-Lüneburg, 1625-

1679와 요한 프리드리히의 형 게오르크 빌헬름Georg Wilhelm, Herzog zu Braunschweig-Lüneburg, 1624~1705에 의해서 양분되어 있었다. 라이프니츠가 하노버에 도착했을 때 독일과 프랑스 사이의 전쟁인 독불전쟁이 한창이었고, 요한 프리드리히는 루이 14세 편에 서 있었고, 그의 형은 독일 황제 편에 서 있었다.

라이프니츠가 하노버에 도착했을 때, 네이메헌Nijmehen, Nimwegen에서는 평화회의가 열리고 있었다. 요한 프리드리히는 이 회의에 선제후와 동일한 자격으로 참석할 수 있는 권리를 요구하고 있었다. 라이프니츠는 요한 프리드리히의 요청을 받아들여 외교문서를 작성하였지만 뜻을 이루지는 못했다. 그러나 이 문서는 오늘날까지도 하노버의 주권을 요구한 중요 문서로 남아 있다. 이 외에도 라이프니츠는 종교분열의 극복을 위해 노력하였다. 당시 하노버는 칼뱅 중심의 프로테스탄트가 주를 이루었으며 루터주의자들도 있었다. 반면 요한 프리드리히는 가톨릭으로 개종한 상태였다. 이런 이유로 라이프니츠는 프로테스탄트와 루터교를 하나로 묶는 역할을 담당하였다.

라이프니츠는 하노버에 머물면서 왕실로부터 두 가지 부

탁을 받는다. 당시 하노버왕실에서는 클라우스탈 젤러펠트 Clausthal-Zellerfeld 지역에 있는 하르츠Harz 지방 은銀 광산을 운영하고 있었다. 라이프니츠는 1679년부터 광산의 갱내 통풍 문제와 갱도의 배수시설 문제를 개선할 방법에 대한 연구를 의뢰받았다. 이 문제를 해결하기 위해서 노력하였지만, 재정 부족으로 은광 개선을 위한 연구는 중단되었기 때문에 좋은 결과를 내지는 못했다.

라이프니츠의 시련은 이것으로 끝나지 않았다. 1679년 라이프니츠가 믿었고, 라이프니츠를 좋아했던 하노버의 요한 프리드리히 공작이 갑자기 죽는다. 그 뒤를 이어 오스나부르크의 아우구스트Ernst August von Braunschweig-Calenberg, 1629-1698 가 하노버공화국의 제후가 되었다. 아우구스트의 부인 소피 Sophie, Prinzessin von der Pfalz, 1630-1714는 팔츠 지방의 공주로 철학에 많은 관심을 두고 있었다. 라이프니츠는 이미 소피와 구면이었으며, 두 사람은 이후 평생 좋은 관계를 유지한다.

라이프니츠에게 새로운 전환점은 1681년에 찾아온다. 이해 라이프니츠는 라이프치히대학교 철학과에서 윤리학과 정치학을 가르치고 있던 멘케Otto Mencke, 1644-1707 교수의 방문을 받는다. 멘케 교수는 라이프니츠에게 1682년부터 발행되기 시작한 라이프치히의 학술연보Acta Eruditorum, Verhandlungen Gelehrter에 지속적인 투고와 발간을 의뢰하였다. 이 연보는 1732년부터 1782년까지는 '신학술연보Nova Acta Eruditorum, Neue Verhandlungen Gelehrter'로 명칭이 바뀌어 출판되었다. 멘케의 제안을 받아들인 라이프니츠는 매월 이 연보에 자신의 논문을 게재하였으며, 영국의 왕립학회와 프랑스의 과학아카데미에서 발행하는 연보만큼이나 국제적인 수준으로 끌어올렸다.

1685년 하노버공화국의 제후 아우구스트는 라이프니츠에게 자신들의 가문인 하노버왕실의 벨펜Die Welfen가의 역사를 서술하는 임무를 주었다. 라이프니츠는 벨펜가문의 역사를 연구하기 위해 유럽여행 계획을 세웠다. 1687년부터 1690년까지 가문의 역사를 편찬하기 위해서 로마, 베니스, 빈 등 유럽을 여행하면서 수많은 도서관을 방문하게 된다. 이 여행을 통해 수 없이 많은 사상가를 만나고 서신 교환을 통해 그들과 생각을 주고받았다.

다시 하노버로 돌아온 라이프니츠는 1691년부터 죽을 때까지 하노버왕실이 소장하고 있던 장서를 모아 놓은 볼펜뷔텔

Wolfenbüttel의 도서관장을 지냈다. 아우구스트가 1691년 정식으로 하노버공화국의 선제후의 권리를 부여받음으로 라이프니츠는 1696년 하노버가의 비밀법률고문으로 활동하였다. 이를 바탕으로 볼펜가의 역사편찬을 위해 노력을 아끼지 않는다. 여행에서 수집한 자료들과 볼펜뷔텔에 소장된 자료들을 중심으로 라이프니츠는 『브라운슈바이히의 역사』로 약칭되는 저술을 발표한다. 이 저서의 원 제목은 『브라운슈바이히가의 재산을 유지하는 데 공이 있는 저술Scriptores Rerv(u)m Brv(u)nsv(u)icensiv(u)m Illv(u)strationi Inservientes』로 1707년, 1710년 그리고 1711년에 걸쳐 3권으로 나누어져 출판된다.

2

베를린학술원의 창설과 죽음

라이프니츠는 한편으로는 라이프치히의 학술연보를 한 단계 발전시키면서, 다른 편으로는 『브라운슈바이히의 역사』를 서술하면서 바쁜 나날을 보내고 있었다. 이 두 작업을 하면서 라이프니츠는 무엇보다 학술원의 중요성을 깨달았다. 영국의 왕립학회나 프랑스의 과학아카데미와 같은 학술원이 독일에도 필요하다는 것을 알게 된 라이프니츠는 독일 학술원 개원을 위해 베를린에 머물면서 많은 노력을 기울인다.

독일 학술원을 개원하기까지 소피 공주의 도움이 많았다. 라이프니츠와 소피 공주와의 깊은 우정은 그녀의 딸인 소피 샤를롯데까지 이어진다. 소피 샤를롯데는 라이프니츠가 베를린학술원을 개원하는 데 많은 도움을 주었다. 소피 샤를롯데 Sophie Charlotte, 1668-1705는 소피 공주의 유일한 딸로 16살의 나이에 브란덴부르크의 선제후이며 1701년부터 프로이센의 초대 왕을 지낸 프리드리히 1세Friedrich I, 1657-1713와 결혼하였다. 베를린학술원은 1700년 브란덴부르크 선제후의 승인을 받아 다음 해에 개원하면서 독일 과학을 이끄는 산실이 되었다.

칸트의 고향인 쾨니히스베르크에서 태어난 프리드리히 1세는 프로이센의 초대 왕이 되어 베를린에서 업무를 시작하면서 강한 프로이센을 위해 무엇을 할 것인가를 고민했다. 그리고 그가 내린 결론은 학문이었다. 무엇보다 강한 국가는 강한 학문에서 나온다고 믿은 그는 다른 유럽의 어떤 나라보다 학문에 힘을 쏟았다. 이런 그의 생각과 부인 소피의 생각 그리고 라이프니츠의 생각이 일치했기 때문에 베를린과학원이 더 쉽게 개원할 수 있었을 것이다.

소피 왕비는 라이프니츠를 단순히 어머니의 철학적 대화 상대로만 알고 있었다. 그러나 시간이 지나고 왕비가 라이프니츠와 대화하는 시간이 늘어나면서 라이프니츠의 철학에 깊이 빠져들었다. 특히 소피 왕비는 라이프니츠의 영혼불멸설과 모나드론에 많은 관심을 보였다고 한다. 이렇게 라이프니츠와 소피 왕비의 우정은 라이프니츠와 소피 공주의 우정만큼이나 깊어 갔다. 그러나 소피 왕비가 병으로 짧은 생을 마감하자 그 고통은 어머니 소피보다 라이프니츠에게 더 큰 상처를 남겼다.

마틴 루터의 종교개혁이 이루어진 이후 유럽의 여러 나라는 구교로 불리는 로마가톨릭과 신교로 불리는 프로테스탄트 사이에서 많은 갈등을 겪었다. 그중에서도 프랑스는 30년 이상 구교와 신교가 종교적인 갈등을 겪었다. 이것이 1562년부터 1598년 사이에 있었던 그 유명한 위그노전쟁이다. 프랑스는 전통적으로 구교가 강했다. 하지만 남부를 중심으로 신교도 만만찮게 널리 퍼져 있었다. 이들을 구교는 위그노Huguenot라 불렀다. 프랑스의 구교와 신교 간의 정치적인 갈등은 국내 정세와 국제적인 문제까지 겹치면서 결국 두 종교 간의 전쟁으로 이어졌다.

끝을 모르고 다투던 구교와 신교는 앙리 4세가 1592년 신교에서 가톨릭으로 개종하면서 화해 분위기로 접어들었다. 그리고 앙리 4세는 1598년 낭트에서 신교도에게 어느 정도 자유를 준다는 뜻이 담긴 칙령을 발표함으로 위그노전쟁은 끝이 났다. 하지만 구교의 불만은 더욱 심해졌고, 칙령은 법으로 인정을 받지 못하고 표류하고 있었다. 이런 상황 속에서 프랑스의 절대군주 루이 14세의 등장은 신교도들에게 절대적으로 불리했다. 루이 14세는 1685년 낭트칙령을 전부 폐지함으로 신교도의 종교적, 시민적 권리와 자유를 박탈하고 말았다. 그 결과 프랑스 남부에 살고 있던 신교도들은 프랑스를 떠나 다른 나라로 망명하였다. 약 100만 정도의 프랑스 신교도들이 영국, 네덜란드, 독일 등으로 망명했다고 한다.

프랑스 신교도들의 망명을 기뻐한 사람도 있었다. 바로 라이프니츠다. 당시 베를린에는 약 오천 명 정도의 프랑스 신교도들이 망명해서 살고 있었다. 이들 중에는 철학, 과학, 수학 등 여러 분야의 다양한 학문에 조예가 깊은 사상가가 많았다. 라이프니츠는 바로 이들을 베를린학술원의 연구원으로 채용하여 학술원을 더 크게 발전시켰다. 베를린학술원의 발전에 라이프니츠와 소피 왕비의 공과 덕도 있지만 망명한 프랑스 신교도들의 기여도 빼놓을 수 없는 부분이다.

이후 라이프니츠는 영국의 왕립학회와 깊은 교류를 하면서 (특히 프랑스의 과학아카데미의 외국인 회원으로 활동하면서) 다른 나라의 과학기술원이 개원하는 데 많은 도움을 주었다. 그뿐만 아니라 라이프니츠는 여러 나라의 철학자들과 과학자들과 교류하면서 철학적인 저서도 많이 남겼다.

1708년 라이프니츠는 하노버의 울리히Anton Ulrich von Braunsch-weig-Wolfenbüttel, 1633-1714 백작의 부탁을 받고 합스부르크가 출신의 신성로마제국의 황제 요셉 1세Joseph I, 1678-1711를 만나려 빈으로 간다. 하노버공화국에서 라이프니츠에게 도서관장 자리를 주고 거처를 제공해 준 가장 큰 이유는 바로 자신들의 가문에 대한 역사를 서술해 주기 바랐기 때문이다. 그러나 하노버가문에서 볼 때 라이프니츠가 베를린학술원을 위해 베를린에 체류하거나 울리히의 부탁을 받고 빈으로 여행하는 등 자신이 해야 할 일은 하지 않고 다른 일만 한다고 생각했다. 이런 라이프니츠의 행동을 놓고 가장 흥분한 사람은 1714년부터 영국의 조지 1세가 된 게오르크 루드비히Georg Ludwig, 1660-1727 선제후였다. 특히 루드비히는 어머니 소피 공주에게 라이프니츠를 너무 두둔하고 과잉보호한다며 불만을 토로했다.

물론 라이프니츠는 하노버가문에서 원하는 역사서를 발간하였지만, 루드비히의 화는 쉽게 가라앉지 않았다. 이런 사실을 아는지 모르는지 라이프니츠는 1712년부터 2년 동안 빈에 머물면서 요셉 1세와 깊은 교류를 할 뿐 아니라 새로운 저서를 저술하고 논문을 발표한다. 빈에서 게오르크가 영국의 왕위를 계승받았다는 소식을 접한 라이프니츠는 빈의 많은 학자와 이별하고 바로 하노버로 향한다. 다행히 두 사람은 다시 만나 두 사람 사이에 생긴 오해를 풀었다. 여기서 라이프니츠는 조지 1세를 따라 영국으로 갈 것인지 하노버에 머물 것인지를 놓고 고민하다 결국 남는 쪽으로 결정했다.

조지 1세가 영국으로 떠나면서 라이프니츠에게 영국에 함께 갈 것을 강력하게 권고한 사람은 조지 1세의 양녀이며 아들 조지 2세의 부인이었던 캐롤라인Wilhelmina Charlotte Caroline von Brandenburg-Ansbach, 1683-1737 공주였다. 캐롤라인 공주는 라이프니츠에게 함께 영국으로 갈 것을 권했지만, 라이프니츠는 결국 독일에 남기로 한 것이다. 바로 이 캐롤라인 공주가 영국에서 클라크와 라이프니츠가 편지로 자신의 사상을 주고 받을 때 통로역할을 했던 것이다.

클라크와 라이프니츠의 편지에는 뉴턴과 라이프니츠 사이에 생긴 오해에 대해 많이 서술되어 있다. 뉴턴은 끊임없이 라이프니츠의 미적분은 자신의 미적분을 바탕으로 만들어진 것이라고 주장하였다. 라이프니츠는 이 사실에 대해 대답할 필요도 없다고 생각하였고, 캐롤라인과 클라크도 라이프니츠의 편에 서 있었다.

캐롤라인은 뉴턴에게 라이프니츠의 입장을 대변해 줄 뿐 아니라 라이프니츠를 영국으로 데리고 갈 계획까지 세우고 있었다. 캐롤라인은 라이프니츠에게 영국의 사료를 편찬할 새로운 임무를 주려고 마음먹고 있었다. 하지만 라이프니츠는 자신이 건강을 잃어 가고 있음을 알고 있었다. 라이프니츠는 통풍으로 고통받고 있었는데 정식 의료기관에서 병을 고치지 않고 약물치료로 병세를 완화시키는 것에 만족하고 있었다. 하지만 그가 생각한 것만큼 병은 호전을 보이지 않았고, 손이 마비되기 시작하면서 저술활동도 더 이상 할 수 없을 정도가 되고 말았다. 캐롤라인 공주의 생각과 다르게 라이프니츠의 병은 심해져 갔다.

1716년 11월 14일 라이프니츠는 침대에서 숨진 채 발견되었다. 마지막으로 그는 무엇인가 쓰려고 애쓴 것으로 보이는 흔적을 남긴 채 숨을 거두었다. 그가 남긴 모든 유품과 유산은 여동생의 아들이며 독일 루터파의 신학자이며 작가인 뢰플러Friedrich Simon Löffler, 1669~1748가 모두 상속받았다. 그는 라이프니츠가 남긴 많은 책, 편지, 발명품 등을 모두 하노버 선제후 도서관에 기증하였다.

라이프니츠가 죽고 한 달 후인 12월 14일 장례식이 하노버에 있는 노이슈태터Neustädter Hof- und Stadtkirche St. Johannis에서 거행되었고, 시신은 그곳에 묻혔다. 그의 명성에 비해 장례식은 초라하게 거행되었다. 프랑스 과학아카데미에서 간단한 조사를 발표하였을 뿐 다른 곳에서는 특별히 라이프니츠를 애도

하는 글이나 조사는 없었다.

혼자 공부하여 모든 것을 배운 철학자! 8살에 라틴어를 독학하여 고대 로마 역사서를 읽은 철학자! 14살에 아리스토텔레스의 논리학을 연구한 철학자! 15살에 대학에 입학하여 법률학, 새로운 과학, 새로운 철학을 연구한 다음 21살에 박사학위를 받은 철학자! 교수초빙을 거절하고 새로운 연구에 도전한 철학자! 신이 세상을 창조할 때, 악도 함께 창조했을까를 물은 철학자! 독일에 새로운 학문을 부르짖으며 베를린학술원을 개원하고 초대원장으로 취임하면서 오늘날 독일 과학의 기틀을 마련한 철학자!

이것은 라이프니츠에게 붙어 있는 수많은 수식어 중 몇 개이다. 고대 그리스 이후 많은 철학자는 왕이나 귀족의 가정교사 혹은 후견인으로 지내면서 자신들의 입장이 국가나 사회에 반영되기를 원했다. 플라톤 같은 철학자는 이상국가 실현을 위해 철인 통치자의 중요성을 강조했을 뿐 아니라 스스로 시라쿠사에 가서 자신의 뜻에 따라 정치를 실현하려다 죽을 고비도 넘겼다. 마르쿠스 아우렐리우스의 시대에 와서 플라톤의 철인 통치 이념이 처음으로 실현되기도 했다.

　라이프니츠는 교수로 남기에는 하고 싶은 연구가 너무나 많았던 것 같다. 하지만 원하는 것을 모두 이루기에는 부족한 것이 많았다. 결국 그도 귀족의 가정교사와 후견인으로 활동할 수밖에 없었다. 그를 후원한 귀족 중 두 사람이 왕이 되었다. 영국의 조지 1세와 프로이센의 프리드리히 1세가 그들이다. 이 두 왕을 포함하여 많은 사람의 후원과 도움이 있었기에 라이프니츠는 편안하게 자신이 원하는 모든 학문에 매진할 수 있었고 또 많은 업적을 남길 수 있었다. 하지만 그들은 라이프니츠가 가는 마지막 길에는 아무런 말도 남기지 않았다. 우리는 바로 여기서 한 철학자의 삶을 돌아보게 된다.

세창사상가산책 **10** | 라이프니츠